개굴개굴 시리즈

막교사의 달콤한 교실

개굴개굴 시리즈

막교사의 달콤한 교실

초판 1쇄 발행 2024년 10월 25일

지은이 김부혜
펴낸이 장길수
펴낸곳 지식과감성#
출판등록 제2012-000081호

교정 이주연
디자인 정윤솔, 정은혜
편집 정윤솔
검수 이주희, 이현
마케팅 김윤길, 정은혜

주소 서울시 금천구 벚꽃로298 대륭포스트타워6차 1212호
전화 070-4651-3730~4
팩스 070-4325-7006
이메일 ksbookup@naver.com
홈페이지 www.knsbookup.com

ISBN 979-11-392-2173-2(03810)
값 16,700원

• 이 책의 판권은 지은이에게 있습니다.
• 이 책 내용의 전부 또는 일부를 재사용하려면 반드시 지은이의 서면 동의를 받아야 합니다.
• 잘못된 책은 구입하신 곳에서 바꾸어 드립니다.

지식과감성#
홈페이지 바로가기

개굴개굴 시리즈

막교사의 달콤한 교실

김부혜 지음

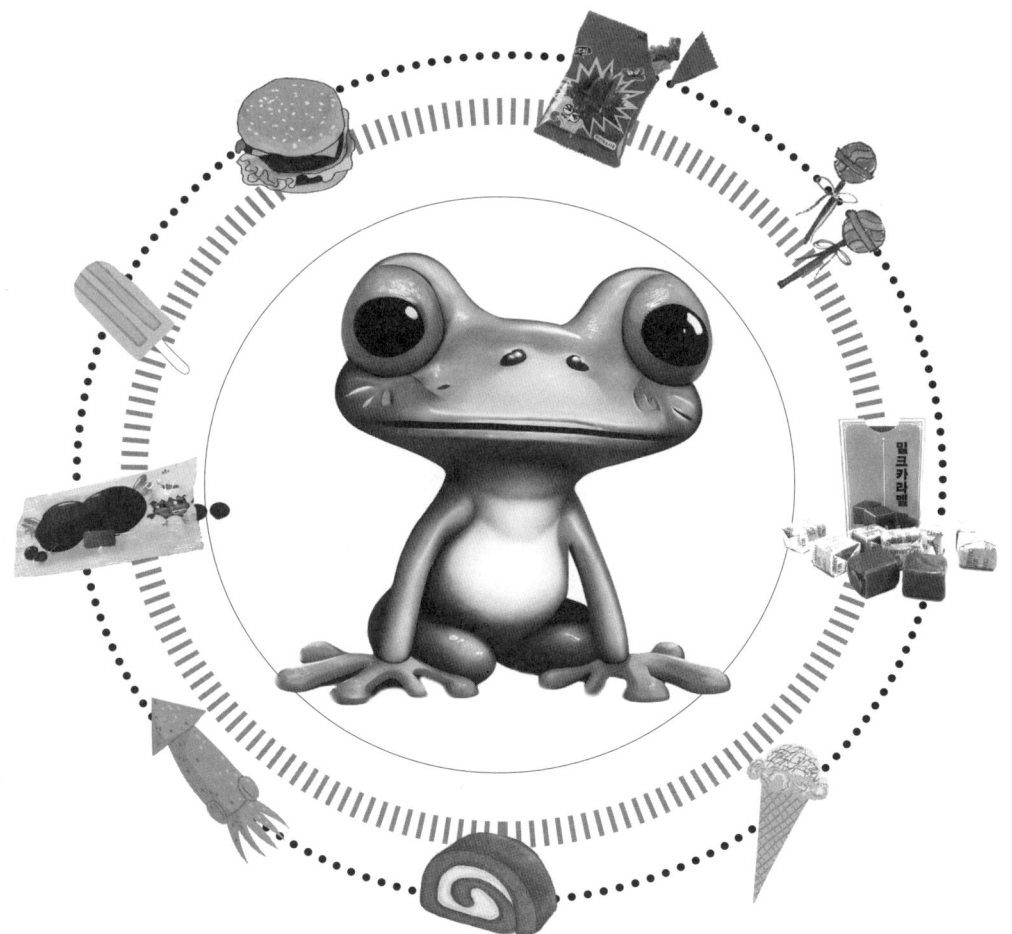

진실한감정

천국에 계신 오빠(김태호 마스다)께 바칩니다.

프롤로그

광화문에서 팔순 잔치

　광화문에서 만나는 걸 모두 좋아한다. 우리는 광화문을 중심으로 어린 시절을 보냈거나 그 지역 여고를 나왔다는 공통점이 있다. 광화문에 오면 고향에 온 듯하다. 대학 동기 중 내가 두 번째의 팔순이라 쏘기로 했다.
　시간의 여유를 가지고 예약한 곳을 찾았다. 룸 예약이 안 되어 있었다. 인터넷으로 예약했었는데, 알고 보니 광화문이 아닌 신문로점이었다네. 장소 착각으로 그 자리에서 신문로점을 캔슬하였다. 팔순 할멈의 실수라고 사과했다. 노인들이 장소가 바뀌면 길을 찾을 수 없다고 하소연하였다. 난 너무 허술해 점점 나사 빠진 사람이 되어 가는 것 같았다. 늙음이 슬프다.
　본인이 아프거나 남편이 아파 못 나온 친구들 빼고 걸을 수 있는 사람은 다 모였다. 날짜를 착각하여 하루 전날 온 선이는 준비한 꽃다발을 집에 꽂아 놓았단다. ㅎㅎ 천하의 똑똑한 선이도 날짜를 착각하다니, 늙음은 못 속이누나.
　사연도 많은 나의 팔순 잔치는 룸이 없어 홀에서 점심을 먹고 케이크를 꺼내어 촛불의식을 할 수 없었다. 파티는 광화문광장 야외 장소로 자리를 옮겼다. 준비한 케이크에 촛불을 켜려고 하자 바람이 허락하지 않았다. 촛불 없이 노래를 부르고 커피숍에서 테이크아웃한 네 잔의 커피를 나누어 마셨다. 노인들은 커피 한 잔이 버겁거든….

권 교감이 준비한 꽃다발을 안고

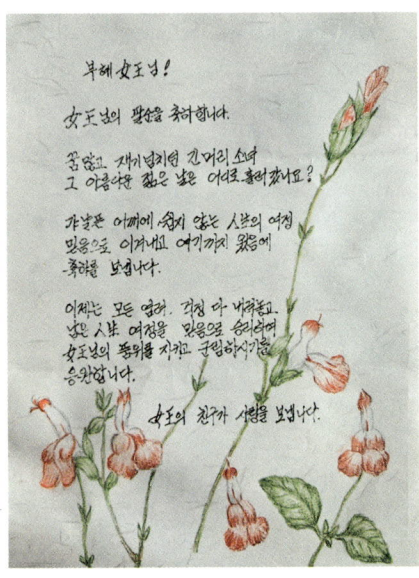

강남 친구 순이의 사랑의 편지

    완이의 농장에서 가져온 오이와 블루베리와 자야가 준비한 케이크를 디저트로 먹었다. 큰 소리로 박장대소하며 깔깔대기도 했다. 모임의 주관자 자야는 팔순 노인들도 이렇게 재밌게 놀 수 있다고 다음을 기약했다. 걸을 수 있으면 만나는 거야. 나이는 숫자에 불과하다는 거짓말에 속지 말아라. 한 해 한 해 건강은 내리막길이다. 내 손 내 발 움직일 수 있을 때 얼굴을 보여 주라.

    광화문 야외는 큰 소리로 교양 없게 떠들어도 되는 장소이다. ㅎㅎ 이곳은 우리들의 고향이다. 나는 복덩이다. 하나님 복이요, 친구 복이다. 모든 것이 은혜, 하나님의 선물이다. 바보 같은 날 용서하는 친구들아, 고맙다.

막내딸의 축하 케이크

목차

1부 ──────────── 빈곤의 시대 [67~82]

첫 발령, 신문에 나다(67) · 14 KBS TV 출연(67) · 17 변소(68) · 22 영계(69) · 25 창경원(70) · 29 오천 원(70) · 33 찾아온 첫 제자(71) · 39 옥수수빵(73) · 45 얼음 공주(76) · 49 도시락(79) · 55 폭력 교사(79) · 58 삼총사(82) · 63

2부 ──────────── 공교육의 가치 [84~88]

어린이 회장(84) · 72 가수(84) · 76 공주(86) · 80 장학금(86) · 83 왕따(86) · 87 탐구 대상(87) · 90 주먹(87) · 96 에디슨(88) · 99 교재원(88) · 104

3부 ──────── 부모의 욕심 [91~98]

야당 당수(91) · 108 계주대회(91) · 113 커닝(91) · 117 피리 부는 소녀(94) · 121 유학(94) · 126 내 딸 선녀(94) · 130 교과(96) · 134 천재(98) · 140 상처(98) · 144 떠버리와 고지식(98) · 147

4부 ──────── 가정 교육의 부재 [99~03]

짱(99) · 154 아빠(01) · 159 개놈의 새끼(01) · 164 인터넷(02) · 167 관계(02) · 171 실종 사건(02) · 177 엄마(03) · 180 공포의 선글라스(03) · 185

5부 ──────── 퇴직한 마지막 학교 [04~07]

조폭 마누라(04) · 192 토(04) · 197 아들, 아들아(05) · 201 줄넘기대왕(06) · 208 ADHD(06) · 215 영어 교과(07) · 221 마지막 스승의날(07) · 227

1부
빈곤의 시대

[67~82]

1967년 3학년 제자 93명의 학급 사진

첫 발령, 신문에 나다(67)

 1967년 3월 10일, 봄에 밀려가는 바람도 늦장을 부리는 시점, 우리 교대 졸업생은 늦은 첫 발령을 받게 되었다. 내가 발령받은 학교는 서울 ○○초등(국민)학교였다.

 당시 서울의 초등학교는 등급이 있었다. 'A, B, C, D, E' 순위로, 성적순으로 발령을 냈다. A는 광화문 중심의 몇 학교와 부유한 마을이었다. B, C 등급까지 성적 80등 정도인 듯했다. 나머진 다 D 등급이었다. E 등급은 특수 지역이다. 성적과 거주지와 380명의 졸업생을 서울에 배치하려니, 당연히 시간이 걸렸을 것이다.

 처음으로 부임한 국민학교는 경기도에서 서울로 63년에 편입된 곳이었다. 인근 마을에 아직도 농사를 짓는 곳이 있었다. 이 지역에는 문화주택 군락지가 있었다. 문화주택에는 지붕 위에 TV 안테나가 있었다. 그것은 부유함을 상징했다. 그만큼 주택단지는 주변의 시골 모습과 대조적이었다.

 학교는 복도를 사이에 두고 양쪽으로 교실이 있는 복식 구조였다. 북쪽 교실은 어둡고 추웠다. 교실이 모자라 한 교실을 오전, 오후 두 반이 같이 공유했다.

 3월이 되어 10일이나 늦게 만난 첫 반은 93명의 3학년이었다. 까까머리 남자애들과 단발머리 여아들은 수줍음을 머금은 채 새 선생님을 맞이했다. 나를 향해 말똥말똥 쳐다보는 아이들 앞에서 정신이 아찔하기도 했다. 담임이 없었던 열흘 동안 어떻게 지냈을까.

새 주택지에 사는 아이는 극소수였다. 거의 난개발로 들어선 집들과 고개 너머 ○○골에 무허가 천막이나 움막집을 짓고 살았다.

문제아는 없었지만, 그렇다고 먼저 손을 들고 발표하는 아이도 없었다. 93명의 아이들을 살피며 특징과 이름을 외우기 시작했다. 그러던 중 호야라는 아이가 눈에 들어왔다. 선뜻 그 아이에게 관심을 가진 이유는 호야의 결석 때문이었다. 세수도 하지 않는 듯했고, 옷도 지저분했으며, 무엇보다 기운이 없고, 전혀 말이 없었다.

그날도 호야는 학교에 오지 않았다. 아이들은 호야를 알고 있었다. 동네 이 집 저 집에서 도와준다고 했다. 호야를 위해 어린이 회의 시간에 이웃돕기를 하자고 제안했다. 방법은 간단했다. 누런색 편지봉투에 쌀 한 봉지씩을 가져오는 것이었다. 참여 또한 자율에 맡겼다. 준비한 쌀은 양동이에 담게 하였다. 모인 쌀을 가지고 반장, 부반장과 함께 호야를 앞장세우고 갈 준비를 하던 찰나였다.

교실 뒷문이 열리며 중년의 신사가 들어왔다. 《소년한국일보》 기자라며 자신을 소개했다. 소문이 어디서 어떻게 돌았는지 알 수는 없으나 불우이웃돕기를 취재하러 왔다고 했다. 얼결에 기자와 함께 호야네로 향하게 되었다. 족히 30분 이상은 걸었다. 호야가 살고 있는 지역도 새 주택이 들어서고 인구가 늘어나고 있었지만, 아직 학교가 없는 실정이었다. 그곳 아이들의 통학 거리는 멀었다. 호야네 집은 개발되지 못한 밭 옆의 움막이었다. 벽돌로 대충 쌓아 네모진 공간을 만들고 지붕은 판때기를 올려놓았다. 판때기 위에는 여러 개의 돌이 얹어져 있었는데, 큰바람을 대비한 것이었다. 창문은 물론 없고 출입문에 거적이 늘어져 있었다. 호야가 문을 대신한 거적을 열었다. 안은 깜깜했다.

"안녕하세요, 호야 담임입니다."

"으, 응, 우, 응, 우……."

호야 아버지의 대답은 전혀 알아들을 수가 없었다. 움막 안에서 악취가 쏟아져 나왔다. 때는 5월, 햇살이 눈부시게 밝은 날이었다. 얼른 양동이의 쌀을 호야에게 건넸다. 따라온 기자는 기필코 사진을 찍고자 했다. 우리는 어색하게 여러 장의 사진을 찍었다. 이틀이 지나고 《소년한국일보》에 기사가 실렸다. 지금도 그 일의 제보자가 누구였는지 알 수 없다.

그해 9월, 호야네 마을에 새 학교가 개교하게 되었다. 반 아이 10여 명이 분리하여 가는 날이었다. 6개월 정든 아이들과 이별하며 한 사람씩 머리를 쓰다듬어 주었다.

몇몇 아이들은 눈물을 비치기도 하였지만, 호야의 표정은 건조할 뿐이었다. 새 선생님을 따라가는 아이들이 교문에서 보이지 않을 때까지 현관에 서 있었다. 호야는 뒤도 돌아보지 않았다. 생생한 기억의 그날, 그 후로 호야의 아버지는 또 어떻게 되었을까. 지금쯤 환갑을 넘긴 호야에게 미안한 안부를 건네 본다.

KBS TV 출연(67)

발령받은 첫해 1967년 여름 방학을 앞둔 어느 날이었다. 주임 선생님이 이 반 저 반 교실 문을 두드리며 급한 회의를 소집했다. 얼굴이 무척 흥분되어 보였다.

"중대 사항입니다. 어서 모이세요."

기대 반, 걱정 반이었지만 햇병아리 교사였던 터라 호기심으로 급히 주임 반으로 향했다. 주임은 여자분이셨다. 얼굴 가득한 주름이 그간의 세월을 대신했지만 행동만은 젊고 의욕적이었다. 3학년 교사들이 모이자 주임은 호들갑을 떨기 시작했다. 반면 목소리는 경직되어 있었다.

"KBS 어린이 프로 학교 탐방 시간에 출연하게 되었습니다. 그러니까 우리 학교가 소개되는 학교 자랑 시간입니다. 3학년은 연극을 맡았어요."

주임은 난감해하였다. 3학년 교사들은 아무 말이 없었다. 여섯 학년이 30분 안에 모든 것을 끝내야 했다. 학교 소개부터 학년별로 노래, 춤 등을 보이기엔 시간이 촉박했다.

순간 나는 가슴이 뛰었다. 고등학교 시절 월간 신문을 만드는 일에 올인했던 적이 있었다. 학생회 활동에선 신입생 환영 행사 책임을 맡아 성공적으로 해내기도 했다. 갑자기 내게 활기가 찾아왔다. 나는 용감하게 말했다.

"주임 선생님, 제가 극본도 쓰고 아이들 연습도 시키겠습니다. 주제만 주세요."

주임은 환하게 웃으며 말했다.

"주제는 여름 위생입니다. 요즘 아이스께끼 얼음과자 있지요? 비위생적인 것을 아이들에게 경고하는 내용이면 좋겠어요."

"알겠습니다."

"출연은 9월 ○○일입니다. 김 선생, 잘 부탁해요. 출연 아동은 모두 선생님 반으로 하세요."

"알겠습니다. 감사합니다."

주임은 고심했던 문제가 쉽게 해결되어 만족한 얼굴이었다. 나는 하고 싶은 일을 하게 되어 기뻤다. 그날부터 창작의 욕구를 끓어 올려 극본을 쓰기 시작했다. 내용은 이러했다.

아이스께끼는 다채로운 색의 얼린 아이스바로 양철통에 넣고 팔았다. 주로 소년들이 통을 어깨에 메고 목청 높여 "아이스께끼!"를 외쳤다. 비위생적인 것으로 알려졌지만 차갑고 달콤한 얼음덩어리는 아이들의 선호 간식이었다. 공원에서 놀던 아이들은 아이스께끼를 사 먹고 배탈이 났다는 교훈적인 내용이었다.

출연자 6명은 재적 93명 중 국어 시간을 통해서 이미 머릿속에 있었다. 그런데 주임이 찾아왔다. 출연자 3명을 자기 반으로 채워 달라는 것이었다. 나의 계획이 달라졌지만 주임의 청을 거절할 수 없었다. 주임 반 3명과 우리 반 3명으로 연습을 시작했다. 연극을 처음 해 보는 아이들은 대사를 책 읽듯 하였다. 여름 방학 내내 더운 교실에서 연습하였다.

　드디어 9월 초 PD가 방문하여 종목들을 점검하고 돌아갔다. 9월 ○○일의 저녁 6시, 생방송을 위해 우리는 방송국으로 향했다. 방송국 내부는 어둑했다. 우리는 조용히 들어가 방청석에 자리를 잡았다. 스튜디오 오른쪽 구석에 하청일과 서수남 2인조 가수가 보였다. 서수남은 거인처럼 컸다. 우리와 동행한 열성 엄마들은 하청일에게 사인을 받기 위해 몰려갔다. 정신이 하나도 없었다.

　오후 6시, 생방송이 시작되었다. 사회는 당시 중학교 3학년 연기자로 유명한 여학생이었다. 키가 크고 귀티가 나며 말도 잘했다. 그녀의 인기는 매우 높았다. 30분은 빠르게 지나갔다. 학교의 장기 자랑도 모두 끝났다. 3학년 아이들의 연극도 성공적이었다. 그때 다른 프로로 넘어갔는데 한쪽에서 웅성대며 항의하는 소리가 들려왔다.

　1학년 무용이 빠졌다는 것이다. 이날을 위해 1학년 담당 교사는 여름 방학 동안 연습을 강행했다. 아이들의 무용복까지 맞춰 입히고 화장까지 공을 들인 상태였다. PD가 시간 계산을 잘못한 것이었다. 엄마들의 아우성과 쩔쩔매는 PD와의 실랑이는 한참 만에 끝이 났다. 다음 프로에 출연하기로 구두로 약속받은 것이었다. 학교 담당자나 PD가 총연습이나 리허설도 없이 생방송을 했다는 것이 이해가 가지 않았다.

　시끄러운 소리도 끝나고 모든 아이들과 학년 지도 교사, 학부모들은 슬슬 빠져나가기 시작했다. 저녁을 먹으러 가는 것 같았다. 우리 반 출연자와 학부모는 어디로 갔는지 보이지 않았다. '선생님 수고하셨어요'라는 말은 주임 교사도 학부모도 하는 이가 없었다. 혼자가 된 나, 더운 여름 아이들과 씨름하던 시간이 몇 분 만에 끝나 허탈감이 밀려왔다. 석양이 비추는 저녁, 남산 아래 언덕길을 터덜터덜 내려왔다.

며칠이 지난 후 아이스께끼 공장 사장이 교장실에 나타났다. 학교 방송 이후 매출이 줄었으니 책임을 묻겠다고 으름장을 놓으며 배상을 요구했다.

방송하러 가기 전, 아이스께끼 장수 배역을 맡은 주임 반의 출연자 엄마는 지나가는 아이스께끼 장수 소년을 불러 아이스께끼를 통째로 빌렸다. 아이스께끼는 함께 나누어 먹고, 만들어 놓은 소품 대신 실제 빈 통을 메고 출연했다. 이 일을 담당자인 나와 의논도 하지 않았다.

가을이 시작되어 아이스께끼는 매출이 줄고 있을 때였다. 학교에 비상이 걸렸다. 얼마를 요구했는지는 모르지만 뒤숭숭한 분위기였다. 교장은 날 불러 자초지종을 묻지도 않았다. 햇병아리 교사를 어린 아이, 투명 인간으로 취급하는 것 같았다. 학교는 이 일을 해결하려고 백방으로 알아보고 있는 듯했다.

어느 날 학부모의 삼촌이 ○○일보 기자라고 나타났다. 교장과 학부모와 의논하는 것 같았다. 기자의 의견은 보건소 위생 검사를 아이스께끼 공장으로 내보내자는 것이었다. 그 공장은 내가 출근하는 길에 있었다. 공장은 보기에 우중충하고 어둡고 더러워 보였다. 이곳에 위생 검사를 한다면 대장균이 얼마나 나왔겠는가. 배상을 얼마나 물었는지 알 수 없었지만 사건은 너무도 쉽게 조용히 끝이 났다. 이 일을 치른 후 학교 행사에 나서지 않기로 결심했다.

1967년, KBS 어린이 시간 출연 3학년 연극

변소(便所)

어느덧 3학년 담임이 끝나고, 새 학기에 나는 2학년을 맡게 되었다. 서울 대부분의 초등(국민)학교에는 오전반과 오후반이 있었다. 오전반과 오후반의 교대 시간은 아수라장이었다. 비라도 오는 날이면 지붕 있는 대기 장소가 없었기 때문이었다. 맑은 날은 운동장에 있다가 담임의 지휘 아래 교실로 입실했다. 그러나 비가 오는 날이면 미리 복도로 피신한 아이들의 소란으로 오전반 마지막 수업은 거의 이뤄지지 못했다.

그날도 비가 왔었다. 수업이 끝난 아이들은 먼저 빠져나가겠다고 아우성이었고, 복도에서 기다리던 아이들도 먼저 들어가겠다며 한바탕 소란이 일었다. 겨우 정리를 끝낸 후 허겁지겁 수업을 시작했다. 첫 교시가 끝나고 화장실을 갔던 아이들이 흥분하며 교실로 뛰어들었다.

"선생님! 우리 반 애가 변소에 빠졌어요."

순간 머리가 하얘졌다. 교대를 졸업하고 갓 부임한 지 이제 1년이 넘었지만 매사에 어설펐다. 겁이 났다. 왜냐하면 그쯤 어느 학교 아동 하나가 변소에 빠져 목숨을 잃었다는 소문도 돌았기 때문이었다. 잠시 우왕좌왕하던 나는 일단 막대를 생각해 냈다. 창고로 달려가 길고 튼튼한 막대를 찾아 변소로 뛰었다. 내게 보고한 녀석과 함께 변소문을 열고 아래를 내려다보니, 이게 웬일인가. 신발주머니가 보였다. 냄새고 뭐고, 나는 긴 막대(장대)를 넣고 젓기 시작했다. 그런데 걸리는 게 아무것도 없었다. 왜 이 아이들은 우리 반 아이가 빠졌다고 여겼을까?

"○○가 여기 빠진 게 맞니?"

"수업 시간에도 보이지 않았어요. 신발주머니가 ○○ 거였어요."

그렇다면 여기 빠졌다는 아이가 ○○가 아닐 수도 있었다. 다시 한 번 막대로 휘휘 저어 보았지만 묵직한 똥펄이 잘 저어지지 않았고 걸리는 건 없었다. 교실로 다시 돌아와 출석을 부르기 시작했다. 비도 오고 정신이 없었던지라 출석 부르기를 잊고 있었다. 그런데 아이들 말처럼 ○○가 없었다.

"○○○ 오늘 학교 안 왔니?"

그제야 ○○와 친한 여자아이가 작은 목소리로 대꾸했다. 지금 생각하면 대단한 일도 아니건만, 그때 학생들은 유독 선생님을 두려워한 것인지, 자신감 결여인지 자발적으로 나서는 아이들이 드물었다.

"걔, 걔 엄마가 아프다고 했어요."

그제야 나는 안도했다. 순간 다리가 풀려 휘청거리기도 했던 것 같다. 아무도 변소에 빠지지 않았다.

그 시대의 변소 화장실은 수세식이 일반화되면서 일명 푸세식이라고도 불렸다. 아직도 시골에는 남아 있는 곳이 분명 있을 것이다. 변소 건물은 본 건물 뒤쪽에 단독으로 있었다. 여자 변소는 각 칸마다 네모난 구멍이 만들어져 있어, 쪼그리고 앉아 볼일을 보았다. 그 아래 용변이 모이는 곳은 모두 통해져 있었는데, 똥이 차면 커다란 똥차가

와서 큰 호스로 그것들을 처리해 갔다.

지금의 월드컵 경기장 앞 농수산 시장이 예전엔 오물처리장이었다. 반경 수백 미터만 가도 냄새가 코를 찔렀었다.

겨울이 되면 추운 날씨 덕분에 똥은 뾰족한 산을 이뤘다. 변소가 무섭기도 한 1학년 아이들은 옷에 자신의 오물을 지리는 일도 있었다.

여름이면 암모니아 냄새가 코를 찔렀다. 그 냄새는 코뿐만 아니라 눈도 공격했다. 그뿐일까, 바닥에는 구더기가 기어다녔고, 벽에는 낙서와 똥 자국도 많았다. 또한 교사용 화장실도 따로 없었다. 한 칸에 교사용이라 써 놓고 선생님들은 그곳을 이용했다. 남자 변소는 더 단출했다. 벽 아래로 소변이 흐를 수 있게 단을 만들어 놓은 게 다였다. 남자아이들은 벽에다 꿈을 실었다. 누가 누가 더 높이 날 수 있는지. 분명 변소는 기피 장소였으나, 인간에게 있어 없어서는 안 될 중요한 장소이기도 했다. 학교 화장실 개조는 상황이 더뎠다.

옛날 변소에 대한 추억을 떠올리면 시골에서는 뒷간, 절에서는 해우소, 변소로 불리다가 화장실이란 멋진 이름과 장소로 변모했다. 지금 공중화장실은 변화되고 세련되어졌다. 변소는 이름뿐 아니라 집안으로 들어와 우리 생활의 큰 변화를 가져왔다. 더러움의 상징 공중화장실은 고속도로 휴게소에서 멋지게 변하였고, 지하철역에서도 청결해져 지금은 향기까지 난다. 세계에 자랑할 만한 모습으로 변했다. 수원에 해우재 박물관이라는 화장실 뮤지엄도 생겼다고 한다.

영계(69)

　70년대 초까지 고학년이 되는 4, 5, 6학년은 남녀를 따로 분반하였다. 나는 물론 여자 반을 맡게 되었다. 3월이 되어 새 반을 맡으면 전 담임들이 자기의 애제자들을 인계한다. 우리 반은 좋은 아이들이 많다고 했다. 공부 잘하고 학부모의 열성이 많다는 종합적인 근거로 말하는 거다.

　과연, 우리 반은 우수하고 예쁜 여자애들의 집단이었다. 미술 시간의 그림을 보면 알 수 있었다. 아이들이 그림을 잘 그렸다. 미술대회에 입상자가 우리 반에서 쏟아져 나올 정도였다. 80여 명이 넘는 여아들은 떠들지도 않고 착하고 경쟁심도 많아 학급 활동하는 데 어려움이 없었다. 수업 시간은 즐겁고 재미있었다. 어린이 회의를 통해 매월 착한 어린이 명목으로 인기상도 만들었다.

　학년 초 학부모 총회가 있던 날, 문화주택에 사는 엄마들이 모였다. 교육의 열기가 학교로 집중되어 치맛바람이라는 용어도 있었다. 모든 교육 활동을 담임에게 의존했기 때문이었다. 중학교 입시가 있어 서울의 중심지 학교로 우수아가 몰리고 시내 위장전입도 있었다. 1968년 중학교 입시가 사라지고 중학교는 평준화되었다. 그래서 시내 집중 현상이 분산되었다. 그래도 4학년이면 고학년 시작이라고 부모들이 학업에 관심 갖는 경향이 남아 있었다.

학부모들은 햇병아리 교사에게 호기심 가득한 표정으로 바라보았다. 난 대학에서 배운 대로 교육관을 털어놓았다.

1. 엄마의 과잉 관심은 아이들의 자생력을 약화시킵니다.
2. 학부모가 학교에 자주 나타나는 건 교육적이지 않습니다.
3. 스스로 일을 해결할 수 있는 기회를 주어야 합니다.
4. 우리 반은 엄마들의 학교 방문을 자제해 주시기 바랍니다.

이런 발언에 학부모들의 공감을 얻어 엄마들은 학교에 발걸음을 끊었다. 사교육 무공해 시대였다. 담임이 방과 후 교실에서 과외하는 일도 했었다.

어느 날 아침, 교무실에 출근 도장을 찍고 교실로 향했다. 교실 앞문에 소영이 엄마가 날 기다리고 있었다. 손에는 누런 상자가 들려 있었는데 상자 속에서 푸드득 소리가 났다.
"안녕하세요? 선생님! 힘드시죠. 우리 집에서 키운 닭이에요."
"아니 닭을 왜?"
"영계니까 푸우욱 삶아 드시라고요."
"아, 네 감사합니다."
소영이네는 빈터에 채소를 가꾸고 닭과 오리를 키우고 있다고 했다. 살아 있는 닭을 거절할 수 없었다. 몸무게 43~44kg 정도의 작은 여교사로 80여 명의 아이들과 씨름하는 게 힘겨워 보였나 보다. 닭 상자를 교사용 책상 밑에 놓아두었다. 상자 속에서 나는 소리가 신경이 쓰였다. 2교시가 시작되어 칠판에 필기를 하고 아이들도 보며 쓰기를 할 때였다. 그때의 수업은 주로 쓰고 설명하는 것뿐이었다.

"아아악…!"

누가 소리를 지르며 책상 위로 뛰어올랐다. 교사용 책상 밑에 있던 닭 상자 끈이 풀려 있었고, 닭이 튀어나와 교실을 돌아다니고 있었다. 여자아이들의 호들갑스러운 비명으로 조용하던 교실 분위기는 엉망이 되었다. 닭을 잡아야 했다. 그러나 우리는 여자 반이었다. 닭을 잡을 사람은 나밖에 없었다. 나도 닭을 만져 보지 못했고 잡기는 정말 싫었다. 그러나 교사로서 해내야 하는 일이었다. 창문을 닫았다. 혹시 날아서 창문 밖으로 나갈 수도 있기 때문이었다. 모두 책상이나 걸상으로 올라갔다. 분단과 분단 사이 통로로 닭을 쫓았다. 살금살금 또는 빠르게 뛰기도 하며 교실을 돌아 천신만고 끝에 잡았다. 닭을 상자에 넣고 단단히 묶었다. 퇴근 후 닭 상자를 들고 버스를 두 번 갈아타서 집으로 가져왔다.

얼마 후 소문이 돌기 시작했다. 선생님이 소영 엄마의 닭 선물 이후 소영이만 예뻐한다는 것이다. 예쁘고 공부 잘하는 여아들의 집단이니까 소문은 당연하였다. 소영이는 특히 예쁘긴 했다. 까만 눈동자와 쌍꺼풀진 동그란 눈, 흰 피부, 영리하고 다재다능하였다. 학급 일도 솔선수범하였다. 소영이는 잘난 척하거나 다른 아이들에게 상처를 준 적도 없었다. 소영이를 특별 대우한 것도 아니고, 소영이뿐 아니라 소녀들을 모두 사랑스럽게 생각하고 있었다. 여자들의 질투는 동서고금을 통하여 노소를 막론하고 영원히 사라지지 않을 것이라는 생각이 들었다.

　소영 엄마의 첫 선물 중닭 한 마리, 영계의 교실 쇼는 초보 교사의 명예에 씻을 수 없는 먹칠을 하였다.

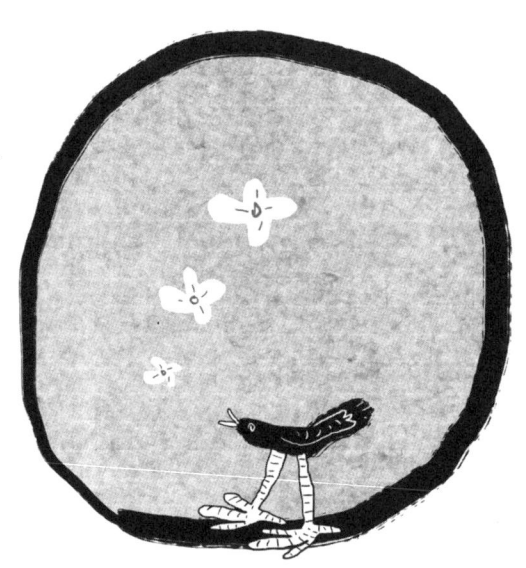

창경원(70)

첫 학교 4년 차, 학교를 옮기기 전 마지막 해에 1학년을 배당받았다. 저학년 어린아이들을 좋아하여 너무 기뻤다. 그렇지만 아이들을 사랑하는 마음만 가지고 가르칠 수는 없었다. 좀 불안하긴 했다. 1학년은 하루 전날 회의를 하여 모든 반의 진도를 하루하루 맞추어 나갔다. 수업 양은 같지만 교육 기술이 부족하여 힘에 겨웠다.

입학식 3월의 날씨는 쌀쌀했다. 입학한 아이들은 왼쪽 가슴의 흰 손수건 위에 이름표를 달았다. 코가 나오면 닦으려는 코 수건이었다. 코흘리개란 말이 있는 것처럼 그때 아이들은 코를 흘리는 일이 많았다. 영양 상태가 좋아지면서 아이들의 수건 달기는 자연스럽게 사라졌다. 코를 흘리는 아이들도 없어졌다. 입학식 날 줄을 세울 때 엄마의 치맛자락을 잡고 떨어지지 않는 아이도 있었다. 경찰 아저씨 다음으로 선생님을 무서운 사람으로 인식했던 때였다. 유치원 교육이 대중화되지 못했고 사전 교육이 이루어지지 않아 한 달은 운동장 수업으로 유치원 교육을 대신했었다.

줄 서기부터 시작하였다. 단위에서 율동하는 선생님을 따라 하였다. 짝과 줄 맞추어 운동장 걷기 등 일제식 제식훈련도 했다. 담임의 선창으로 시작되는 제창은 사라진 지 오래다.

"하나, 둘, 셋, 넷."

"휙휙, 셋, 넷."

병아리처럼 따라 하던 풍경은 그 시대에 학교를 다닌 사람은 기억할 것이다. 운동장 수업이 끝나면 입실하여 자리를 정해 주고, 복도를 통행하여 화장실 가기도 훈련했다. 교실 첫 수업은 연필 잡는 것부터 시작하여 종합장 접기, 줄 긋기를 하였다. 이름만 겨우 쓰고 들어온 아이들도 있고, 몇몇은 자기 이름도 쓸 줄 몰라 짝 이름을 보고 그려 놓기도 했다. 수업 내용은 간단했지만 80여 명의 아이들을 돌아보며 확인 도장이나 별표를 하루에 4번 정도는 그려 주어야 했다. 80명을 4번 즉 320번 확인 표시를 하였다. 교재는 내 손과 입, 도장, 빨간 색연필이 전부였다.

아이들을 보내고 나면 목이 가라앉고 입속이 깔깔하여 점심을 먹을 수가 없었다. 5월이 되어야 학교생활에 적응하였고 2학기가 되면 한글에 눈을 뜨게 되었다. 한두 명 빼고는 거의 문맹을 탈출하였다. 1년을 마치고 2학년으로 올려 보낼 때의 보람과 희열은 교사만이 갖는 특별한 행복이었다.

입학한 지 두 달째, 4월 첫 소풍날이었다. 모두가 설레고 기다리던 하루 나들이, 장소는 창경원(창경궁)이었다. 일제 강점기 때 일제는 우리의 창경궁에 동식물원을 지어 1909년 11월부터 일반인에게 공개했었다. 1911년 이름도 창경궁에서 창경원으로 바꾸었다. 1983년 창경원이 폐쇄될 때까지 서울의 가장 큰 유원지였다. 또한 우리나라 최초의 동물원이 창경원이었다. 우리의 궁을 놀이터로 만든 일제의 만행은 참으로 비참하기까지 했다. 그러나 서민들은 역사의 흐름 속에 묻혀 갔다. 이곳이 서울 관광지 제1호 장소였고 봄이면 벚꽃이 만발하여 꽃놀이 인파가 몰렸다. 최초의 동물원이라 온갖 동물들이 있었다.

　불광역에서 종로 5가까지 버스는 만원이었다. 한 버스에 한 반 80명이 일반인과 같이 타니 복잡하였다. 종로 5가에서 내릴 때 한 사람이라도 잃을까 호루라기를 불어 환기시키며 아이들을 모았다. 정류장에서부터 걸어 도착한 창경원 앞은 많은 인파로 붐볐다. 경내에 들어갔다. 몰려다니는 사람들 속에서 아이들을 끌고 이곳저곳을 돌아보았다. 어른들 뒤에서 작은 1학년들은 동물을 보기 힘들었다. 내 눈에도 동물들은 보이지 않았다. 아이들이 흩어지지 않게 양몰이 개처럼 아이들을 몰고 다녔다.

　점심시간, 먼지투성이 구석 한 모퉁이에 둘러앉았다. 엄마가 따라오지 않은 아이들을 모아 놓고 점심을 허겁지겁 먹었다. 오후에 귀가하려고 아이들 점호를 시작하였다. 옥이가 보이지 않았다. 아이들을 엄마들에게 부탁하고 경내를 돌았다. 사람들은 점점 빠져나가고 있었다. 두어 바퀴를 돌아도 보이지 않았다. 다른 반들은 먼저 가고 퇴장 시간이 다가와 옥이를 잃어버린 채 학교로 돌아왔다.

　교감 선생님께 보고했다. 교감은 소식이 올지도 모르니 기다려 보라고 했다. 해는 지고 어두운 운동장 스탠드에 앉아 넋을 놓고 있었다. 옥이는 눈에 띄는 아이가 아니었다. 교실 한구석에서 말없이 있다가 사라지는 아이였다. 핏기 없는 가냘픈 아이. 관심을 더 가지고 손을 잡고 다닐걸, 후회가 밀려왔다. 소풍은 아침 출발부터 버스 안, 창경원, 끝나고 오는 버스까지 고통의 순간들이었다. 아이들에겐 소풍이고 내게는 고풍이었다. 아이들은 즐거웠을까? 옥이는 어디로 간 걸까? 창경원 안에는 분명 없었다. 시간이 흐르고 교무실로 전화가 왔다. 종암파출소에서 옥이를 보호하고 있다는 소식이었다. 옥이는 인파에 떠밀려 창경원 밖으로 나갔다. 집으로 오는 길 반대쪽으로 사람들을 따라갔단다. 아아…. 살았다. 그제야 어두운 운동장에 교무실에서 나오는 불빛이 보였다. 숙직 교사가 말했다.

"김 선생, 이제 아이를 찾았으니 퇴근하셔도 됩니다."

"옥이 얼굴을 보고 가려고요."

"아저씨(경비)가 찾으러 갔어요. 너무 늦었어요. 아저씨가 직접 데리고 집으로 보낸다니 안심하고 가세요."

"네, 감사합니다."

밤 10시쯤 되었을까 피곤한 몸을 끌고 집으로 돌아왔다. 다음 날 옥이는 무사히 등교하였다. 처음으로 그 아이의 얼굴을 자세히 본 것 같았다. 옥이는 표정이 없는 애였는데 날 보고 빙긋 웃었다. 길을 잃고 선생님을 찾지 못했을 때 얼마나 무섭고 두려웠을까. 아마도 그날을 잊을 수 없을 거다. 며칠 후 옥이는 내게 뭔가 내밀었다. 묵직한 누런 편지봉투였다.

"이게 뭐니?"

그녀는 아무 말도 하지 않았다. 편지 봉투 속에는 10원짜리 동전 30개가 들어 있었다. 300원이었다. 옥이 엄마는 길에서 뽑기 장사를 하였다. 연탄불을 피워 놓고 국자에 설탕과 소다를 섞어 끓인 후 모양을 만들었다. 300원을 채우기 위해 몇 개를 팔았을까? 잃어버릴 수도 있었던 딸을 찾았다는 고마운 마음의 표시였겠지. 옥아 잘 살고 있는 거지? 10원짜리 동전 30개의 묵직함을 잊을 수가 없구나.

오천 원(70)

　1학년 담임이 발표되면 제일 먼저 할 일이 있었다. 입학하기 전 반을 편성하였다. 합격자 발표하는 것처럼 입학식에 몇 반으로 가는지 알려 주어야 했다. 이 작업을 위해 교사들은 동회(지금은 주민센터)에서 학교에 제출한 입학통지서를 분류하였다.
　주소지대로 모아 놓고 각반에 골고루 분배하는 일을 하여 반을 편성하였다. 그런데 그 마을의 유명 인사 금수저 딸, 즉 VIP가 입학통지서를 냈다는 소문이 있었다. 그 애의 아버지는 현역 국회의원이었다. 당의 유력한 자리에 있어 매스컴에 자주 등장하는 유명 인사고, 엄마는 전직 교사였다.
　새 주택이 들어서고 사립초등학교가 생기기 시작했다. 사립초는 정원이 60명이었으니 사는 집 자제들은 사립학교를 선호하였다. 물론 경제력이 있는 집이었다. 혹 공립학교를 지원할 경우 담임을 지정하는 편법도 썼다. 그러나 유명 인사의 딸이 이 학교를 택하였고 담임도 지정하지 않아 관심이 집중되었다. 명문가의 딸 수는 우리 반이 되었다. 역시 수는 다른 아이들과 달랐다. 흰 피부와 예쁜 이목구비, 명랑하고 밝은 태도는 참으로 담임을 기분 좋게 했다. 담임을 만나면 피하고 인사를 못 하는 수줍은 아이들과 달리, 달려와 인사하고 내게 매달렸다. 사랑을 받고 자란 순수함이 보기 좋았다. 어느 날은 내게 선물을 가져왔다. 문방구에서 파는 플라스틱 귀걸이였다. 담임에게 선물도 할 줄 아는 어린이였다. 처음 받아 본 선물 초록색 플라스틱 귀걸이를 수업 끝날 때까지 하고 있었다.

오후반이 끝난 어느 날, 뒷정리로 청소를 하고 있었다. 빈 교실에 남아 있는 수는 자기를 데리러 오는 가정 교사를 기다리고 있었다.

"선생님, 나도 청소할래요."

"아냐, 힘들어요. 하지 마세요."

수는 청소함을 열고 빗자루를 꺼내다 내가 밀고 있던 대걸레 자루에 머리를 부딪혔다.

"아….."

"많이 아파?"

머리를 붙잡고 잠시 망설이다가 울지도 않고 스스로 수습했다. 가정 교사가 나타나서 수는 하교했다. 난 흩어진 교실을 정리했다.

며칠이 지난 어느 날, 교무실로 전화가 왔다. 학교 전화는 교무실 교감 옆에 한 대 있었다. 전화가 왔다는 전갈이 오면 교무실 교감 옆에서 죄인처럼 쪼그리고 앉아 숨을 죽이고 받아야 했다.

"여보세요? 수 엄마예요. 학교에서 무슨 일이 있었나요?"

"별일 없었는데요."

"수가 입원했어요. 뇌출혈 뇌막염이래요. 병원에서 원인을 찾고 있어요. 집 소파에서 떨어진 적이 있거든요."

수 엄마의 전화를 끊으니 생각이 났다. 청소 시간에 대걸레 자루에 머리를 부딪친 그것이 원인일까. 어린 것이 뇌출혈 뇌막염이라니 아무 생각이 나질 않았다.

뇌종양을 수술하고 천국 간 사촌 언니가 떠올랐다. 또 발령받은 해 1967년에 3학년 여아 중 한 명이 사망한 일이 생각났다. 여름 방학이 끝나도 등교하지 않은 여자아이가 있었다. 집도 모르고 전화도 없던 시대였기에 궁금하기만 했었다. 열흘쯤 지난 후 엄마가 찾아왔다. 방학 중 시골 할머니 집에 갔다가 교통사고로 사망했다고 한다. 3학년, 겨우 10살인데 인생이 끝났다. 어이없는 소식에 가슴을 진정시켰다. 출석부에 사망이라고 쓰고 제적시켰다. 그때부터 하루가 얼마나 소중한가를 깨달았다. 학교생활이 즐겁고 행복해야 하는 이유였다. 태어난 것은 순서가 있지만 가는 날은 순서가 없다는 말처럼 아이들의 인생도 미래만을 위해 사는 것이 아니고 언제 끝날지 모르는 하루를 최고의 날로 지내야 한다는 마음으로 임했다.

수의 소식으로 심장이 떨리기 시작하여 걷잡을 수 없이 불안했다. 옆 반 선배 교사에게 조용히 이 사실을 말씀드렸다.

"선생님, 교실에서 대걸레에 부딪힌 게 원인일까요? 수가 죽으면 어떻게 하지요. 전 사표 쓰고 교직을 떠날 거예요."

"바보야, 안 죽어. 그리고 어디서 다친 건지 모르잖아. 소파에서 떨어졌다면서. 입 다물고 조용히 있어. 내일 나랑 같이 병문안 가 보자."

고교 선배인 그분은 날 유난히 예뻐하셨다. 그날 밤 한잠도 못 자고 오만 생각을 하며 극단적인 생각으로 빠져들었다. 난 아이들을 좋아하는데, 이 직업을 시작하자마자 내 일은 끝나는 게 아닐까? 이튿날 선배와 동행하였다. 서대문에 내려서 적십자 병원으로 향했다.

"어느 병원이라고 했니?"

"세브란스요."

"김 선생, 정신 똑바로 차려. 아무 일도 없을 거야."

선배는 떨고 있는 날 꼭 붙잡고 다시 버스를 타고 세브란스병원으로 향했다. 수는 특실에 있었다. 특실은 호텔처럼 호화스러웠다. 응접실을 통해 병실이 연결되었다. 넓은 응접실은 각계 인사들이 보낸 화려한 화분들로 꽃집을 연상케 했다. 그리고 응접실 소파에 굵직한 인사들이 앉아 있거나 서성이고 있었다. 내가 산 몇 송이의 꽃은 초라했다. 밤새 발발 떨며 걱정했던 내 맘은 아무것도 아닌 것처럼 날아가 버려 마음이 놓였다.

수는 VIP 환자로 특별 대접을 받으며 수술을 마치고 퇴원했다. 한동안 학교에 나오지 않았다. 명랑 소녀 수가 없는 교실은 우울할 정도였다. 퇴근 후 학교 뒤 문화주택 단지에 있는 수네 집을 방문했다. 수는 정말 멀쩡하게 살아 있을까?

그때의 문화주택은 지금과 전혀 다른 구조였다. 부엌엔 싱크대가 아닌 움푹 들어간 연탄아궁이가 있었다. 음식은 아궁이 불로 하였다. 아궁이가 없는 방의 난방은 레일을 깔아 연탄 통을 밀어 넣었었다. 수네는 부엌에서 일하는 식모(도우미)가 두 명 있었다. 실내에서 잔심부름하고 아이들 돌보는 가정 교사도 있었다. 마당 옆 사랑방은 의원님을 기다리는 손님들의 대기 장소였다. 수 엄마는 마님으로 많은 손님과 가족들을 진두지휘하는 역할에 바빴다.

가슴을 조이게 했던 수의 정상 모습이 너무도 반가웠고 고마웠다. 여동생이 둘 있었다. 선생님이 오셨다고 동생들의 칭얼거림을 조용하게 나무라는 엄마의 모습이 좋아 보였다. 마침 저녁때여서 가정 교사와 수와 겸상을 하였다. 보통의 날이지만 진수성찬의 대접을 받고 왔다. 수는 집에서 며칠 쉬고 학교에 등교하였다. 그녀의 밝은 웃음도 살아 있고 명랑함도 여전하였다.

어느 날, 수 엄마가 학교를 방문했다. 오전, 오후반으로 두 반이 한 교실을 써야 하므로 상담 장소가 없어서 교무실에서 만났다. 그녀는 날 수습 교사로 보는 듯했다.

자기의 교육에 대한 특별함을 이야기했다. 사립학교를 택하지 않은 것과, 담임을 선정하지 않은 것이었다. 자녀들은 서민들의 삶 속에서 지혜롭게 키워야 한다고 생각하였다. 여동생 둘도 그렇게 키울 거라고 하였다. 넓은 교무실에 앉아 있는 교사들은 유명 국회의원 사모님의 말씀에 촉각을 세우며 듣고 있었다. 그땐 사립초등학교가 생기자 재정 능력이 되지 못해도 귀족 교육을 시키려는 허영을 갖고 있는 이들도 있었다.

수 엄마는 하고 싶은 말을 끝내고 황급히 일어났다.

"전 바빠서 이만 가 봐야겠어요."

"네."

수 엄마는 준비해 온 봉투를 장부에 끼워 놓으며 부리나케 교무실 뒷문으로 향했다.

"저 이거 안 받아요."

작은 내 목소리는 주눅 들어 있고, 내 모습이 초라하게 느껴졌다. 떠나는 그녀의 뒷모습을 보았다. 치마 밑으로 유난히 하얀 그녀의 종아리가 눈에 들어왔다. 수가 엄마를 닮아 살결이 곱고 인물이 좋았구나.

그녀가 두고 간 편지봉투는 두꺼웠다. 봉투에는 '대한민국국회'라는 글씨가 써 있었다. 이런 공적인 봉투를 개인적인 용도로 써도 되나? 봉투를 열었다. 100원짜리가 50장 들어 있었다. 5,000원! 1,000원짜리 5장이면 가볍고 얇은데 왜 100원짜리를 넣었을까. 1,000원짜리면 나 같은 어린 교사가 놀랠 것 같아서일까? 100원짜리를 쓰기 좋으라고 택한 걸까. 교무실 모든 교사들의 눈을 의식했다. 내 월급은 20,000원 정도였는데, 이 큰돈은 수의 뇌출혈 뇌막염으로 마음을 졸인 대가인가? 수의 병의 원인은 과연 무엇이었을까?

 수 엄마가 준 지폐 100원짜리 50개는 은행에서 찾은 걸까? 아니면 사랑방에 있던 손님이 주고 간 걸까?

찾아온 첫 제자(71)

두 번째 학교로 전근을 갔다. 가자마자 결혼하여 기혼 교사가 되었다. 3학년 담임이 되었고 결혼 생활과 새로운 학교가 모두 낯설었다. 학교 담 옆 주택 뒷방에 세 들어 살 때였다. 그 시절 전세 기간은 6개월이어서 두 번째 집이었다. 뒷방에 부엌이 있었으나 하수구가 없는 곳이었다. 마당 수도에서 물을 길어 쓰고 마당 수돗가로 물을 버리며 살았다. 그렇게 새 생활에 적응하면서 첫 아이가 태동하던 때였다.

1971년 초겨울, 12월 방학을 앞둔 어느 날 주인집 아주머니의 노크 소리가 들렸다. 친정에서 전화가 왔으니 받아 보라고 했다. 전화가 귀하던 그땐 전화도 재산의 일부였다. 주인집 안방에 따라 들어가 전화를 받았다. 친정 엄마는 제자가 찾아왔는데 먼 데서 왔다니 밤이 되어 재워야 할 것 같다고 하셨다. 1967년 첫해에 가르쳤던 진이었다. 순간 감이 이상해서 집에 있는 귀중품을 잘 보관하라는 말을 남겼다.

진이는 1967년에 발령받았던 첫 반 3학년 여자아이였다. 학교에서의 진이는 공부를 잘하고 순종적이었다. 다른 아이들보다 철이 난 듯하였고, 특히 그림을 잘 그려 학년 대표로 미술대회에 나가서 대상을 받은 경력도 있었다. 손버릇이 좀 이상하다고 의심하던 때가 있었다. 진이네 가정 방문을 했던 기억이 났다. 주택에 사는 중산층의 가정이었다. 진이 엄마는 풍채 좋고 인상이 푸근한 중년 아줌마였다. 초라하게 생긴 진이는 엄마를 닮지 않았다. 언니, 오빠는 모두 대학생이었고 막내딸이었다.

"진이야, 선생님 오셨으니 이리 오너라."

"네."

진이는 엄마와 선생님 앞에서 무릎을 꿇은 채 고개를 숙이고 앉아 있었다. 엄마와 막내딸이 아닌 주인과 하녀의 모습처럼 보였다. 진이는 학교보다 집에서 더 기가 죽어 있었다. '이게 뭐지?' 친엄마가 아닌 게 분명했다.

친정 엄마는 내게 전화로 확인한 후 진이를 하룻밤 재우겠다고 하셨다. 집이 대전이라니 밤에 보낼 수가 없었다. 이튿날 진이는 곧바로 학교로 날 찾아왔다. 작은 조화 몇 송이를 들고 교실 앞문에서 들여다보고 있었다. 겨울이었는데 그 애는 얇은 바지와 스웨터 차림이었다.

"안녕하세요? 선생님, 진이에요."

"반갑다, 진이야. 벌서 중학생이 되었구나."

진이를 앞에 세우고 학급 아이들에게 자랑했다. 4년 전 가르쳤던 제자가 선생님을 찾아왔다고 소개했다. 수업하는 동안 진이는 교실 뒤에 앉아 수업을 관람했다.

"추운데 코트를 입지 않았구나."

"대전은 남쪽이라 서울보다 따뜻해요. 코트를 안 입어도 돼요."

아버지가 대전으로 전근 가셔서 자기도 대전에 있는 중학교에 다니며, 지금은 방학했다고 했다. 학교 앞에 있는 음식점에서 점심을 사

주었다. 용돈 조금 주고 보냈다. 6개월 제자가 얼마나 내가 보고 싶었으면 결혼 전 주소지를 찾아내어 날 찾아왔을까. 퇴근 후 집에 갔더니 주인아주머니께서 제자가 찾아왔다고 했다. 일하는 사람이 없다고 하니까 갔단다. 다음 날 방학식이 끝나고 하교 준비를 하고 있었다. 어느 녀석이 교실 문을 열고 소리를 질렀다.

"선생님, 교무실에 전화 왔대요!"

누구일까? 교무실에 하나 있는 전화는 80여 명 교사들의 통신 수단이었다. 위 운동장 별관 3층에서 아래 운동장 1층 교무실까지 내려가려면 5분은 걸렸다. 첫 아이 임신 중이라 뛰지도 못했다. 교무실 문을 열고 들어갔다.

"교감 선생님, 제게 전화가 왔나요?"

"전화 온 일 없는데."

교감은 무뚝뚝하게 말했다. 이상한 생각이 머리를 스쳤다. 학교에 좀도둑이 하는 수법이었다. 계단을 올라 교실로 들어갔다. 하교 준비하던 아이들이 어수선하게 떠들고 있었다. 걸상에 걸쳐 놓은 내 코트와 가방이 보이지 않았다.

"얘들아, 선생님 가방 어디 갔니? 누가 왔었니?"

"어제 왔던 누나가 왔었어요."

"그 누나 얼굴 알지? 빨리 가서 찾아오너라."

사태를 알아차린 아이들은 말이 끝나자 "와~" 소리를 지르며 거의 모두 교실 밖으로 뛰어나갔다. 교실은 몇 명 여자아이들만 남기고 다 나가 버렸다. 옆 반 교사가 달려왔다.

"무슨 일이야? 불난 줄 알았어."

학교는 작은 동산 언덕에 있어 뒷문이 없고 운동장 한가운데에 정문만 있었다. 교실 어디서나 정문이 보였다. 얼마 후 건물 뒤쪽에서 아이들 손에 붙들린 진이가 끌려오고 있었다.

"누나 찾았어요."

아이들은 개선장군이나 된 듯 소리를 질렀다. 진이는 나를 보자 고개를 숙였다. 손에는 내 가방과 코트가 들려 있었다. 떨리는 가슴을 진정시키고 진이를 잡고 물었다.

"너, 처음이 아니구나."

순간 맥이 빠져 힘없이 말했다. 진이는 아무 말도 하지 않았다. 가방과 내 코트를 받아 들었다. 아저씨에게 진이를 부탁하고 교감 선생님께 인계했다. 교실에 들어가니 아이들은 웅성거리고 있었다. 술렁이는 아이들을 수습하여 하교시키고 교무실로 내려갔다. 진이는 교감 앞에 고개를 숙이고 서 있었다. 진이의 바지 주머니에 손을 넣었다. 저금 통장과 현금이 나왔다. 그 짧은 사이에 내 가방 속의 귀중품을 옮겨 놓았다. 그리고 쪽지가 있었다. 집에 찾아와 주인아주머니에게 내가 쓴 것처럼 일하는 사람에게 돈 좀 보내라는 내용이었다. 일하는 사람이 없어서 미수에 끝났다. 진이는 머리가 좋아 공부를 잘하지 않았던가. 그 좋은 머리로 4년 후 도둑이 되어 나타나다니 이 모습은 너무 슬프고 괴로웠다.

자초지종을 안 교감은 진이를 숙직실로 데려갔다. 나도 따라갔다. 교감의 긴 훈화가 있었다. 진이는 입을 열지 않았다. 교감은 답답하니까 설문지를 작성하여 문자로 대답하게 했다. 교감은 여러 가지 별별 항목을 만들어 진이의 속마음을 알아냈다. 월경을 시작했는지도 조사했다. 진이는 아직 초경을 시작하지 않았다. 그리고 아빠는 대전으로 전근 간 것도, 이사를 간 것도 아니었다. 그냥 상습 가출 소녀였다. 목욕 간다고 목욕용품을 넣은 플라스틱 가방을 들고 가출하였다.

3학년 때 6개월 가르친 제자다. 학교가 분리될 때 새 학교로 갔다. 4년 전 선생님을 찾아 친정집에서 하룻밤을 잤다? 이건 이미 떠돌이에 익숙해 있는 거였다. 날 찾은 건 즉흥적인 일이 아닌 계획된 것이었을까. 다른 선생님도 찾아갔을까. 어리숙한 날 지정한 것이었을까.

설문 작성이 끝난 후 교감은 몽둥이를 들고 진이의 엉덩이를 아프게 여러 번 때렸다. 진이는 표정 하나 변하지 않고 매를 맞았다. 맞는 일에 이골이 난 듯했다. 매 맞는 제자를 보며 '과연 저 매가 아이를 변화시킬 수 있나?' 생각했다. 가엽다. 친엄마가 아닌 혼외 자식으로 자란 애정 없는 가정의 산물이란 생각이 들었다. 교장은 이 사건을 개탄하며 진이를 불렀다. 용돈을 주며 타일렀다.

"이제 다시 이런 일을 하지 마라."

교장의 타이름이나 교감의 매도 진이에게는 다 소용이 없다. 이미 가출과 거짓말과 도둑질에 전문가가 된 진이를 어쩌면 좋을까? 현관에서 그녀와 이별하며 말했다.

"진이야, 마음이 안정되면 선생님께 편지할래?"

편지를 통해서라도 그녀를 위로하고 이끌어 주고 싶은 마음이 있었다. 그녀가 내게라도 마음의 문을 연다면 혹 달라질 수 있으려나. 그녀는 고개를 끄덕거렸다. 그리고 교문을 향해서 뛰었다.

그 후 진이의 소식은 들을 수 없었다. 현장을 들키고 어린 남자애들 손에 붙잡혀 온 일, 교감에게 매 맞은 일 등은 진이에게도 악몽이 었을 것이다. 진이만 생각하면 가슴이 저리고 아프다. 가족 중 누구의 사랑도, 인정도 받지 못한 결과인 듯했다.

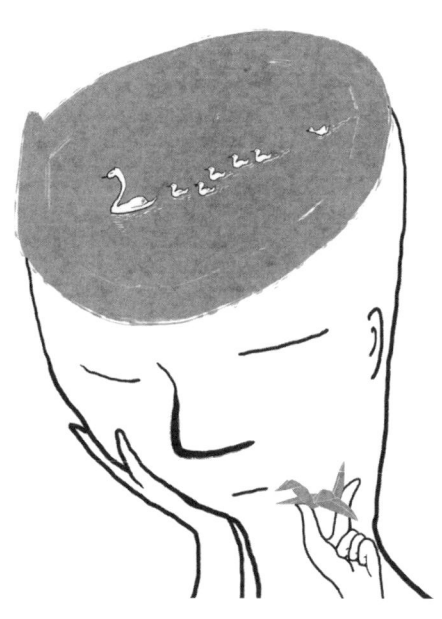

옥수수빵(73)

　두 번째 학교로 이동한 곳은 매우 열악한 곳이었다. 학교 뒷산엔 무허가 주택으로 가득했다. 그땐 학교 교육이 무상이 아니었다. 학생들은 육성회비라는 일정한 금액을 학교에 냈다. 담임에게 일정 금액을 배당하기 때문이었다. 이런 돈도 낼 수 없는 집은 아이를 학교에 보내지 못한 일도 있었다. 복지가 조금 개선되었는지 아이들 형편에 맞게 5단계의 차등을 두었었다.

　한 달에 600원, 450원, 300원, 150원 면제의 순이었다. 학급마다 목표액이 있으니 조종을 잘해야 했었다. 3월 초에 형편이 어려운 학부모들은 육성회비 책정에 관심이 쏠려 있었다. 가난한 학부모들은 허름한 옷, 세수 안 한 얼굴, 헝클어진 머리, 불쌍한 표정 또는 술 마신 벌건 얼굴로 담임을 찾아왔다. 주로 작년 담임이 책정한 것을 참고로 했는데 영이는 누가 봐도 면제 대상이었다.

　70년대에도 우리나라는 미국의 잉여 농산물을 원조받고 있었다. 학교에선 원조 농산물 옥수숫가루로 결식아동을 위해 빵을 구워 주었다. 반의 사정에 따라 조금씩 달랐지만 우리 반은 20명 정도인 것 같았다. 사 분의 일 정도가 이 혜택을 받았다.

　수요일은 빵을 주는 날이었다. 수업이 끝날 때쯤 빵은 커다란 바구니에 담아 교실로 배달되었다. 옥수수빵은 작은 바게트빵처럼 생겼다. 구수한 냄새가 나고 딱딱하여 입속이 깔깔하였다.

영이는 결석이 잦았다. 그러나 빵을 주는 날에는 꼭 출석하였다. 집에 가기 전 받은 빵을 안고 쏜살같이 뛰어가던 영이의 뒷모습이 기억에 남아 있다. 구수한 냄새로 아이들이 부러워하는 눈길이 보였다.

영이는 산속에 천막을 치고 병든 엄마랑 살고 있다고 떠버리 식이가 말했다. 작고 마른 몸, 까칠한 피부에 버짐이 피어 있었다. 헝클어지고 떡 진 머리칼, 의욕도 생각도 없이 앉아 있는 소녀였다.

산등성이엔 물이 귀했다. 이곳에 사는 애들은 겨울이면 씻지 못해 손등에 때가 끼어 쩍쩍 갈라지고 피가 났다. 한 달에 한 번 머릿니와 목과 귀밑, 손과 발의 때를 검사했다. 위생 검사를 미리 알려서 씻고 오게 했지만 목과 귀밑, 발가락 사이에 때가 졸졸 끼어 있었다. 손으로 만지면 묻어 나올 정도였다. 위생 검사라는 목적으로 체육 점수 평가를 넣기도 하였다. 여름이면 수돗가에서 씻고 오라면 되지만 추운 겨울에 그리할 수 없었다.

11월 김장철이 다가오고 있었다. 우리 반은 불우이웃돕기를 시작했다. 김장철이니까 배추 한 포기, 또는 편지봉투에 쌀 담아 오기였다. 할 수 있는 아이들은 기꺼이 참여하였다. 크기가 다른 배추가 양동이로 하나, 쌀도 양동이로 하나가 채워졌다. 쌀은 자루에 넣었다.

수업이 끝난 오후, 떠버리 식이를 앞장세웠다. 식이는 손버릇이 좋지 않은 아이였다. 반에서 분실한 돈이 있을 때 잡아낸 적이 있었다. 팬티에 손을 넣어 찾아내었다. 그러나 식이는 현장을 잡혀도 기죽지 않았다. 늘 명랑하고 내 앞에 다가와 장난도 쳤다. 반장들과 식이와 구호품을 들고 뒷산으로 향했다.

그땐 연희동 산에 연세대 소목장이 있었다. 물건을 들고 천천히 식이의 뒤를 따랐다. 식이는 빠르게 산 위로 뛰어 올라갔다. 그리고 다시 언덕을 뛰어 내려오며 소리를 질렀다.

"선생님, 집이 없어졌어요!"

집이 있었다는 비탈엔 천막이 보이지 않았다. 흙 속에 낡은 천막 조각이 묻혀 있는 게 보였다. 집이 없어진 지 꽤 오래된 것 같았다. 진즉 찾아왔어야 했는데 어디서 찾나 두리번거리며 비탈 아래 무허가 주택들이 있는 곳으로 내려갔다. 동네를 둘러보며 아는 사람이 있는지 알아보았다. 많은 이들이 영이 모녀를 알고 있어 집을 가르쳐 주었다.

벌집처럼 지어 놓은 방과 부엌만 있는 일자형 허름한 집이었다. 그 한 칸이 영이네 집이었다. 들여다보니 부엌과 방은 빛 하나 들어오지 않았다. 아궁이는 시커먼 그을음으로 뒤덮여 있었다. 그곳 사람들은 연탄을 살 수 없어 산에서 나무를 잘라다 썼다. 불법이지만 행해지고 있었고 나무뿌리까지 캐내어 산은 붉은 흙으로 변해 가고 있었다.

방 안에 누워 있는 엄마가 일어나 인사를 하였다. 엄마는 마르고 헬쑥한 병색이 짙은 여인이었다. 영이 엄마는 살짝 웃음 띤 얼굴로 아주 작은 소리로 교회에서 이 집을 마련해 주었다고 자랑하였다. 겨울이 다가오는데 돌봐 줄 곳이 있다니 안심이 되었다. 배추와 쌀을 전달했다. 고맙다는 인사를 했는지 기억이 나지 않았다. 가난한 사람들은 마음의 표현이 서툴고 말이 없다. 며칠 도움이 되었을 것이다. 내가 할 수 있는 일은 거기까지였다.

산 위 옹기종기 모여 사는 이 마을의 아래 길가 평지엔 학교가 있었다. 학교 맞은편 길 건너는 유명한 고급 주택들이 있었다. 사람들은 그곳을 도둑촌이라고 불렀다. 주택은 1971년 시세로 1.2억이라고 했다. 넓은 정원의 초호화 으리으리한 저택이다. 지금의 눈으로 보면 그리 호화롭지 않지만 그 당시 가난한 서민들에겐 궁궐과 같은 집이었다. 정치의 고관들이 모여 있는 곳이었고 후에 대통령들이 거주한 동네다. 그곳의 자제들은 이 학교에 입학하지 않았다. 사립학교나 시내의 명문 학교로 갔다. 같은 행정 구역 안의 이러한 빈부 차이는 참으로 이채로웠다.

 가난한 아이들의 양식이 되었던 옥수수빵은 학교 급식의 원조라고 해야겠다. 지금은 곳곳이 빵집으로 넘치고 온갖 종류의 다양한 빵들이 우리의 입맛을 유혹한다. 디저트라는 이름의 달콤한 케이크보다 옥수수빵이 건강에 더 좋은 때가 되었다.
 학교 급식 역사에 남아 있지도 않은, 잊힌 옥수수빵과 영이는 내 기억 속에 살아 있다.

얼음 공주(76)

　세 번째 학교로 이동하였다. 30을 넘긴 두 아이의 엄마가 되었다. 이 학교는 서울의 3대 악질 여교장으로 유명한 곳이었다. 이곳으로 발령받기를 원하는 교사는 없었다. 내게는 가정이 우선이므로 집에서 거리가 가까운 곳을 선호하여 만족하였다. 컴퓨터가 없던 시대이므로 사람들의 입김으로 발령이 이루어지는 것이 이상한 일이 아니었다. 나도 지인의 힘으로 집에서 가까운 곳으로 가게 된 케이스였다. 아이 둘을 키워야 하므로 교장의 악소문은 내게 중요하지 않았다.
　학교는 아이들 문제보다 악랄하기로 유명한 교장으로 고달팠다. 수업이 끝나도 교사들은 옆 교실 교사와 모여 이야기하는 것이 금지되어 있었다. 교사도 아이들도 교장이 무서워 늘 긴장하며 생활했다. 복도에서 뛰는 아이를 발견하면 교장은 아이의 멱살을 잡고 몇 학년 몇 반이냐고 소리를 질러 공포에 떨게 했었다. 양단 치마저고리를 입은 풍채 좋은 카리스마 넘치는 교장의 완전 독재는 아무도 불평을 하는 이가 없었다.
　6학년을 담임하던 때였다. 70년 중반으로 들어서며 고학년 4, 5, 6학년이 남녀 공학 반으로 편성되기 시작했다. 그러나 호랑이 여교장은 남녀 공학 반을 용납하지 않았다. 세상이 바뀌어도 그녀는 자기가 있는 한 남녀를 분리하는 것을 고집할 거라고 선언했다. 남자 반은 남교사, 여자 반은 여교사를 담임으로 배치하였다. 그때는 남자 교사가 많았다.

재적이 80여 명이 되어도 여자 반은 조용하였다. 소곤소곤 소리가 들리지만 어디서 누가 말하는지 찾아낼 수가 없었다. 수업에 열심히 참여하나 손 들고 발표하는 데 익숙하지 않았다. 가르칠 양이 많아서 힘은 들어도 눈에 띄는 문제아는 없었다. 여자아이들은 엄마의 살림을 돕고 동생들을 돌보았다. 엄마들은 딸의 공부는 관심 밖이었다. 남아 선호 사상이 짙게 깔려 있었다.

3월 학부모 총회가 끝나고 엄마들이 다 돌아간 후 경이 엄마가 남아 있었다. 엄마는 자신을 소개했다. 전직 교사이며 학교 선배이기도 했다. 경험이 부족한 내게 경이 엄마는 여러 가지 조언을 해 주었다. 그리고 후배를 위한 격려금이니 부담 없이 받으라고 했다. 그녀의 친절함에 압도되어 매달 보내오는 격려금을 받았다.

경이는 뛰어난 영재였다. 얼굴도 예쁘고 행동은 반듯하였다. 그러나 웃음기 없는 표정과 늘 긴장하고 있는 모습이었다. 보기엔 완벽한데 친구들과 어울리지 않는 아이였다. 도도하고 고독하고 자부심이 유난히 강하였다. 모든 것을 갖추었지만 인기가 없어 반장이 되지 못했다.

매달 월말고사가 있었다. 월말고사 성적으로 반 순위를 정하고 90점 이상은 우수상을 주었다. 교장은 월말고사 성적을 발표하여 우열을 가리고 교사들을 평가했다. 자존심 강한 교사들은 자신이 거론되는 것을 극히 싫어했다. 그 일을 예방하려면 교장에게 잘 보여야 화를 면했다. 월말고사는 치열하게 준비하였다. 아침 자습에 예상 문제를 칠판에 한가득 써 놓고 수업 중에도 간간이 문제집을 풀기도 했었다. 월말고사 감독은 담임들을 바꾸었다. 시험 시간에 다른 반 감독을 하고 교실로 들어왔다. 경이가 울고 있었다.

"경아, 왜 울어? 시험을 망쳤니?"

"두 개 틀렸대요."

누가 말했다. 경이는 책상에 얼굴을 파묻고 울음을 멈추지 않았다. 자신이 실수한 것을 인정할 수 없었다. 6학년에서 만점이란 그리 쉬운 일은 아니었다. 경이는 1학년부터 5학년까지 올 수의 성적으로 올라왔다.

그때의 성적 기준은 '수, 우, 미, 양, 가' 5단계로 평가했다. 담임들은 예체능 성적을 대충 교과 성적에 비해서 평가했었다. 예체능은 실기가 들어가야 하는데 기준이 없었다. 예체능을 이론으로만 평가한다는 것은 모순이라고 생각했다. 나름대로 기준을 만들어 실기와 이론을 합해서 평가했다. 그리고 예체능을 소홀하지 않게 법정 시간을 지켰다. 체육은 반드시 운동장 수업을 고집하였다. 경이는 생각보다 체육에 관심이 없었다. 움직임에 익숙하지 않고 체육 활동에 흥미가 없었다. 경이의 체육을 실기평가로 하면 '가'에 속한다. 그러나 종합으로 '미'로 평가했다. 올 수의 성적만 받던 경이에게 충격이었을 것이다.

여름 방학이 시작하는 날 1학기 통지표를 나누어 주었다. 경이는 통지표를 받자마자 흐느끼기 시작했다. 5년 동안 전 과목 수만 받아 온 통지표 체육란에 '미'가 있어 충격을 받았다. 경이의 울음이 계속

되자 아이들이 경이 자리로 몰려들었다. 교실은 술렁이며 모두 자신의 통지표에 불만을 품은 듯 묘한 분위기가 되었다.

  방학 중에 숙이의 편지를 받았다. 숙이는 엄마랑 사는 씩씩한 아이였다. 엄마는 돈을 벌고 숙이는 살림을 맡아 했다. 일에 익숙한 숙이는 5학년 담임이 착하고 성실하다고 소개했었다. 숙이는 내 책상을 닦아 주고 책상 위도 깨끗이 정리해 주어 기특하였다.
  나는 둘째를 낳은 후유증으로 몸이 쇠약해진 상태였다. 신경성 위장병으로 시달리고 있었다. 점심 도시락을 먹을 수 없었다. 숙이는 학교 앞 우동집에서 작은 주전자에 우동을 사 왔다. 우동 면 몇 가닥과 국물만 먹었다. 숙이는 남은 면을 먹었다. 숙이는 엄마가 사 주셨다고 내 슬리퍼를 사 왔다. 선생님의 낡은 슬리퍼가 그녀의 눈에 보였나 보다. 고마워서 칭찬해 주었다. 그 후로 숙이의 선물이 소녀들의 뒷담화 소재가 되었다. 숙이가 보낸 두툼한 편지 내용을 요약하면 이랬다.

  '선생님, 아이들이 선생님을 욕해요. 돈만 아는 선생님이라고요. 성적을 돈 받은 순서대로 했다고 해요. 경이는 언제나 올 수였는데 '미' 하나에 모두 '우'가 되었답니다. 선생님이 불공평하다고 뒤에서 많이 수군거려요.'
  경이가 통지표를 받고 울던 사건 이후 작은 숙녀들의 소문은 일파만파 퍼지고 있었다. 내 곁에서 날 돕던 숙이의 눈으로 볼 때 그렇지 않다고 생각했나 보다. 숙이는 아이들의 뒷소문을 알려 준 나의 진실한 비서였다.

어떻게 해명할 것인가. 사막같이 조용한 교실에 오아시스처럼 경이 엄마는 내게 다달이 격려금을 보내고 있었다. 반장은 소풍을 가서도 담임 도시락도 챙기지 않았다. '돈 받은 순서대로 성적을 주었다면 경이는 올 수가 맞다'라고 해명할 수 없었다. 경이 엄마의 격려금을 안 받았으면 더욱 오해가 커졌을 수도 있었다. 경이 엄마는 어떻게 생각하고 있었을까. 내게 격려금을 보낸 것이 올 수를 받기 위한 뇌물이었나? 그러나 경이 엄마의 격려금은 2학기가 되어도 계속되었으니 뇌물은 아니었다.

여름 방학이 끝나고 2학기가 시작되었다. 늘 혼자 있던 경이 주변에 아이들이 몰려들었다. 얼음 공주는 친구들과 어울려 웃기도 했다. 반 분위기는 좋아진 듯하나 그들은 내게 냉랭하였다. 경이는 친구가 생겼으나 담임은 소녀 80명에게 왕따를 당하고 있었다. 경이는 태도가 달라졌다. 체육 시간에 적극적으로 참여하였다. 체육의 단골 공놀이 피구와 줄넘기도 열심히 하였다.
체력장이 있는 날이었다. 체력장은 다섯 가지 종목으로 나누어 평가했다. 체육 점수에도 들어가고 중학교 입시에서도 체력을 평가했다. 가장 힘든 건 오래달리기였다. 경이가 달릴 때 몇몇 극성맞은 소녀들은 그녀 옆에 따라가며 응원하였다. 하물며 반 전체가 경이의 이름을 부르며 결승선까지 손뼉을 쳐 주었다. 마지막까지 무사히 도착한 경이는 숨이 넘어갈 듯 주저앉았다. 경이는 체육 평가 '미'를 받은 불명예를 극복하려고 안간힘을 쓰는 것 같았다. 경이는 2학기 체육 평가에서 '우'를 받았다.

졸업식에서 경이는 6학년 전체 최고의 상을 받았다. 예체능 실기는 점수 없는 지필평가의 총점으로 평가된 것이었다.

예체능 실기 기준이 없던 시대에 나름대로 교육적 평가를 위한 새로운 시도였다. 하지만 제자들에게 받은 오해의 불명예는 해명하지 못했다. 불합리한 평가 시대에 앞서갔던 실기평가는 누구에게도 알릴 수 없는 나만의 행보였다.

나를 도와주었던 숙이. 선생님 슬리퍼 한 켤레 선물하고 아이들의 뒷담화를 들었던 숙아, 잘 살고 있지? 아마도 여사장이 되었을 것 같구나.

운동회, 6학년 여자 반 포크댄스 파트너 당시 모자 쓴 담임

도시락(79)

　둘째를 낳고 아기가 생길 수 없다는 진단을 받았음에도 4년 후 나도 모르게 세 번째 임신을 하였다. 네 번째 학교로 이동되었는데, 산꼭대기 북쪽을 향해 있는 학교는 겨울 기온이 평지보다 1~2도 낮다는 말을 들었다. 언덕을 더 깎아서 남쪽으로 학교 건물을 앉혀야 하는데 공사비를 아끼려 부실 공사를 했다고 하였다. 공사에 참여했던 업자 딸의 말이었다. 그래서 그 후 책임자는 옥을 살고 있다고 하였다. 학교 공사의 내용을 잘 이해하지 못했지만 아무튼 공사에 비리가 있었다는 내용이었다. 같이 근무한 선배 교사는 교장과 친분이 있다며 새 학교 교장에게 날 인계하였다. 임신 중이니 너무 높은 교실 배치는 고려해 주시기를 부탁했다. 그러나 그건 선배의 호의로 끝났다. 언덕 뒤 교사 3층에 위치한 4학년이었다. 운동장부터 시작하면 7~8층 높이였다. 평지에서 학교를 오르는 언덕의 경사는 높아서 지각해도 절대 뛸 수 없었다. 아이들이나 교사나 헉헉대며 학교를 향해 행진하였다. 학교 뒤편 길 건너 언덕엔 무허가 건물들이 난립되어 있었다. 벌집 모양의 다닥다닥 붙어 있는 집들은 공동수도, 공동변소를 쓰고 있었다. 학교 아래 주택지에 새로 형성된 집들이 있었다. 모래 내 넓은 곳까지의 인구는 100학급의 대형 학교를 만들었다. 높은 언덕을 올라 숨이 차서 1교시 전, 박카스 반병을 마시고 시작하였다. 남은 반병은 점심시간 후에 마시고 하루를 끝냈다.

4학년 오후 수업이 있는 날엔 도시락을 준비해 왔었다. 창이는 점심시간이 되면 사라져 5교시가 되어 돌아왔다. 결석도 잦았다. 옷은 남루하고 핏기가 없었다. 창이를 알고 있는 친구들을 알아보았다. 결석한 날 반장과 그 집을 아는 친구들과 집에 가 보라고 했었다. 창이는 형과 집을 나갔다고 하였다.

창이 집을 방문한 친구는 부엌을 들여다보니 그릇 네 개, 냄비 하나, 솥 하나가 있었다고 보고하였다. 엄마는 안 계시고 아빠랑 형이랑 산다고 하였다. 아빠는 수시로 집에 들어오지 않으니 아마 아침을 굶고 왔을 수도 있었다. 이 형제는 학교에 오지 않고 매일 이곳저곳 먹을 걸 찾으러 다니는 게 아닐까. 창이의 점심 문제를 놓고 의논하였다.

"선생님, 제가 점심을 싸 올게요."

"그래? 그럴 수 있겠어?"

"저희 엄마는 하실 거예요."

"잘됐다. 고맙구나."

활발하고 자신감 넘치는 녀석은 반장이다. 반장 엄마는 너그럽고 긍정적이며 봉사에 아끼지 않는 분이셨다. 주택에 사는 중산층이었다. 다음 날, 반장은 도시락 두 개를 싸 왔다. 점심시간에 나가는 창이를 잡아 놓고 도시락을 같이 먹었다. 그러나 창이는 좋아하지 않았으며 맛있게 먹질 않았다. 아이들과 점심 먹는 것이 민망한 것 같았다. 다음 날은 4교시라서 아이들을 보내고 빈 교실에서 나랑 먹었다. 선생님과 둘이 있는 것도 어색해하고 불편해했다. 그 후 그 애는 도시락을 먹지 않고 나가 버렸다. 도시락이 창이의 자존심을 상하게 하였구나. 배고픔보다 더 강한 자존심이 11살 아이에게 가능한 걸까.

　여름 방학이 시작되고 9월에 출산 휴가를 하고 나왔다. 30 중반에 세 아이를 키우며 근무하는 나도 정신이 없었다. 창이를 잘 살피지 못하고 시간은 흘렀다. 그러나 도시락 도움이 그 애의 자존심을 상하게 한 것 같아 늘 마음에 걸렸다. 받는 사람의 마음을 배려하지 않은 선행은 결코 선이 될 수 없었다. 어린 녀석에게 친구나 선생님의 도움을 거부할 자존심이 있었다는 게 신기하였다. 어른들도 필요한 것을 도움받으면 거절하지 못한다. 4학년, 겨우 11살 청이의 속마음을 알지 못하고 거절당한 이 사건은 지금까지도 개운하지 않다. 창이 형제는 어떻게 자랐을까. 자존심이 그 애의 생을 어떻게 이끌었을까.

폭력 교사(7월)

 식이는 싸우러 학교에 오는 것 같았다. 누구와 앉아도 시끄러웠다. 문제아를 다루는 방법은 짝을 자주 바꾸는 것이었다. 한 사람만 피해를 보게 할 수는 없었다. 문제아는 누구랑 앉아도 편안하지 않았다. 가장 모범적이고 착한 안정적인 성격을 가진 반장과도 싸웠다. 안경을 부러뜨리고 안경알이 깨지며 얼굴에 상처를 입혔다. 가슴이 덜컥 내려앉았다. 잘못 엮이면 큰 사건이 될 수도 있었다. 가해자 식이 엄마를 불러 의논해 봐야 소용없다는 걸 알고 있었다. 그래도 너그러운 반장 엄마에게 양해를 구해 보는 게 나을 듯했다. 반장 엄마에게 장문의 편지를 썼다.
 '죄송합니다. 감독 불찰로 이런 사고가 났습니다. 가해자 식이네는 형편이 어려워 안경을 보상받을 수 없을 것 같습니다. 치료비도 못 받을 것 같아요. 다시는 이런 일이 없도록 주의하겠습니다. - 담임 올림.'
 백배 사과하는 편지에 반장 엄마는 아무 말 없이 안경도 새로 해 주고 얼굴 상처도 치료했다. 늘 담임을 배려하여 참으로 격려가 되었다. 식이는 착한 여자와 짝을 하게 되었다. 어느 날, 수업을 마치고 하교 준비하고 인사를 하였다.
 "선생님, 안녕히 계세요."
 청소를 돕기 위해 걸상을 책상 위에 올릴 때였다. 식이는 짝과 치열하게 때리며 싸우고 있었다. 착한 여자 짝은 때리는 것이 아니고 방어하는 거였다.

"한식! 한식!"

큰 소리로 불러도 그 애는 싸움 삼매경에 빠져 들질 못했다. 담임이 옆에 서 있어도 식이는 날 보지 못하고 짝을 때리고 있었다. 둘을 앞으로 끌어내었다. 여자 짝은 잘못 없었지만 그래도 둘이 다투었으니 칠판 앞에 무릎 꿇리고 앉혔다. 속에서 부글부글 끓어올랐다. 생각 같아선 마구 때려 주고 싶었다. 그러나 배가 부른 난 발로 식이의 무릎을 치며 말했다.

"너, 청소 끝나고 보자. 그대로 앉아 있어. 인간아!"

식이로 인해 날마다 받은 스트레스를 참기 힘들었다. 숨을 고르고 억울한 피해자 여자 짝을 보냈다. 자초지종을 알아볼 필요도 없었다. 매일 남 탓만 하는 식이의 말을 듣고 싶지 않았다. 청소 당번이 청소하는 동안에도 식이는 가만히 있지 않았다. 쳐다보는 애들에게 씩씩거리며 주먹질을 해 댔다. 내가 볼 때만 고개를 숙였다. 청소가 끝나 당번이 가고 식이 혼자 남았다. 임신한 몸으로 6교시를 끝내면 피곤이 밀려와 기운이 없었다. 식이를 혼내 주고 싶은 마음도 가라앉았다.

"식이 이리 와. 또 싸울 거야?"

식이는 고개를 저었다.

"앞으로 싸우면 혼난다. 오늘은 용서해 줄게. 어서 가."

식이는 말이 끝나기 무섭게 가방을 들고 쏜살같이 뛰어나갔다. 복도에서 쿵쾅 소리가 들렸다. 아이들이 돌아간 빈 교실에서 눈을 감은 채 쉬고 있었다. 칠판 위에 달아 놓은 스피커에서 소리가 나왔다.

"4학년 김 선생님, 교무실에 전화받으러 오세요."

1층 교무실로 내려가려면 멀다. 3층에서 내려와 또 계단을 통해 운동장 1층 본관 교무실로 들어갔다. 교감 앞에 한 대의 전화기가 놓여 있었다. 교감은 떫은 감 씹은 표정으로 수화기 쪽으로 눈을 돌렸다.

"학부모 전환데 교실에서 무슨 일이 있었나?"

"특별한 일은 없었어요."

수화기를 들었다.

"여보세요?"

"식이 아버지입니다."

화난 남자는 분을 참지 못해 씩씩거렸다. 그는 교실 사정을 묻지도 않고 아들을 발로 차고 때린 폭력 교사로 고발하겠다고 으름장을 놓았다. 똥 싼 놈이 매를 든다더니, 식이 아버지도 문제만 생기면 분노를 폭발하려고 준비했던 것 같았다.

"하하하, 폭력 교사요? 제가 식이를 때렸다고요? 몇 대를 맞았다고 하던가요? 지금 당장 학교로 오세요. 할 말이 많습니다. 부모를 뵙고 싶었는데 잘됐군요."

야유와 같은 나의 웃음에 식이 아버지는 조용해졌다. 식이 아빠에게 그동안 있었던 식이의 만행을 간단히 말했다. 반장 안경을 부르뜨리고 상처를 낸 일들, 날마다 아이들과 다투는 이야기를 했다. 그는 내일 찾아뵙겠다고 약속했다. 식이네는 푸줏간(정육점)을 하였다. 아이들의 등하굣길에 있었다. 방 한 칸과 부엌, 가게의 협소한 공간이었다. 아들 다섯과 부모 모두 일곱 식구가 지내고 있었다. 그때의 소상인들은 대부분 상점에 딸린 방에서 생활하였다.

하교하는 아이들은 식이네 정육점을 지나갔다. 식이 아빠는 아들을 기다리다 보이지 않아 애들에게 물어보았단다. 반 아이들은 식이가 벌을 서서 올 수 없다고 말했다. 매를 맞았느냐고 물어보니 선생님이 발로 찼다고 했다. 교사들은 어제나 오늘이나 늘 교실 밖의 사람들에게 호감의 대상이 되지 못하였다. 남의 귀한 자식들과 시간을 보내기 때문이다.

식이 아빠는 식이가 집에 오자 사실 확인을 했다. 무서운 아빠에게 자기 잘못은 말하지 않았을 것이다. 짝이랑 싸웠는데 늘 자기만 혼낸다고 했을 것이다. 아이들은 자신을 보호하기 위해 거짓말을 한다. 학부모들은 아이들 말에 귀 기울이며 동조한다. 인간이 살기 위해, 자신을 지키기 위해 변명하고 핑계를 대는 건 본능이라고 생각한다. 태초의 사람 아담과 하와로부터 시작되었다.

이튿날 교직원 아침 조회가 끝나고 교실로 올라갔다. 교실엔 아이들이 아침 자습을 하고 있었다. 식이는 교실에 들어가지 않고 엄마랑 복도에서 나를 기다리고 있었다.

"식이 엄마예요."

"아니, 아버지가 오셔야지 왜 엄마가 왔어요?"

"애 아빠가 대신 가라고 해서….'

핏기 없는 식이 엄마 얼굴에 자신감이 전혀 없었다. 무서운 남편에게 억압당하고 사는 게 눈에 보였다. 좁은 공간에서 아들 다섯을 키우려니 얼마나 힘이 들까.

"식이 어제 많이 맞았어요."

식이 엄마는 작은 소리로 말했다. 아빠의 매는 무얼 의미하였을까.

아들의 학교생활을 바로잡으려 한 것이었을까? 담임에게 당한 무안함을 아들에게 분풀이한 것이었을까? 아동학대는 잘잘못을 따지기 전 자기의 분노를 아이들에게 표출하는 이런 걸 말하는 것일 게다. 깡마른 식이의 옷을 들췄다. 온몸에 구렁이를 감아 놓은 듯 시퍼런 멍 자국이 보였다. 불쌍한 식이. 처음이 아닌 것 같았다. 담임까지 때렸다면 식이는 정말로 갈 곳을 잃어버렸을 거다. 학교보다 집에서 더 아이들을 학대했던 그 시절, 힘없는 아이라는 이유만으로 매를 맞았다. 세상에 어린 아들을 이토록 때리다니. 가엾은 식이는 맞는 게 생활화된 것 같았다. 식이 엄마도 남편에게 발언권이 없어 보였다. 식이 학교생활의 일상적인 싸움은 삶의 일부였다. 이 가정의 폭력이 멈추지 않았다면 아들들은 사회에서 폭력을 쓰며 살지 않았을까. 푸줏간 다섯 아들은 어떻게 자랐을까?

삼총사(B2)

네 번째 학교의 4년 차 마지막 해였다. 6학년 담임이 되었다. 6학년은 전체 19반이다. 100학급이나 되는 대형 학교였다. 아이들은 7시 전부터 학교에 왔다. 부모가 새벽에 일터로 나가면 좁고 어두운 방에서 탈출하여 넓은 학교로 달려왔다. 일찍 교실에 들어가면 불장난은 물론이요, 교사의 소지품까지 뒤지는 것도 모자라 여자아이들을 희롱하였다. 학교는 사고를 방지하기 위해 현관문을 열어 놓지 않았다.

8시에 애국가가 울려 퍼지며 국기가 게양되었다. 애국가 소리에 운동장에서 뛰놀던 아이들은 멈추어 국기에 대한 경례를 했다. 국기 게양과 함께 애국가가 끝나면 아저씨가 현관문을 열었다. 아이들은 앞다투어 현관에서 실내화로 갈아 신고 교실로 뛰어올랐다.

3월, 새 학기 운동장 조회에 새 담임을 소개할 때였다. 앞에 서 있는 담임들이 자신의 제자들을 살폈다. 7반 담임이 내 곁으로 왔다. 5반 줄 중간쯤에 있는 노랑머리 아이를 눈여겨보라고 하였다. 작년 5학년 때 많은 문제를 일으킨 요주의 인물이라고 했다. 노랑머리 5반 담임은 후배 교사로 참으로 보기 드문 모범 교사였다. 인물도 수려하고 성악에 뛰어나며 다재다능한 인재였다. 그녀는 사고를 예방하기 위해 날마다 일지를 쓰고 있었다. 만일의 경우를 열어 놓고 6학년 남자 교사들도 긴장하며 그 애를 주시하고 있었다. 아침 일찍 온 노랑머리는 여자아이들의 가슴을 만지며 성추행을 했고, 시험 땐 자기 짝과 시험지 바꿔치기를 했다. 담배를 핀다는 소문도 있었다. 담임 집에 불을 지르겠다며 소문까지 내고 다녔다. 아이들은 그 애에게 당해도 무서워서 담임에게 이르지 못했다.

우리 반은 학력 수준이 높지 않아 일주일에 한 번 50문항 받아쓰기를 하였다. 국어 공부는 아무리 강조해도 넘치지 않았다. 일기 검사는 매일 분단장이 걷어 내 책상 위에 올려놓았다. 참가하지 못하는 녀석은 제외하고 매일 검사하여 집에 갈 때 돌려주었다. 이렇게 해서라도 쓰기를 훈련했다.

반에는 눈에 띄는 수려한 네 녀석이 있었다. 키 크고 성적이 우수한 녀석들이다. 학급 모두 그 애들을 좋아했다. 나는 속으로 달타냥과 삼총사라고 여기고 그들을 관찰했다.

달타냥은 모범생 수재이며 학급 반장이다. 의젓했고 개구쟁이 일에 가담하진 않았으나 삼총사와 잘 어울렸다. 80여 명 재적 중 성적은 일등이었다. 수학 경시대회에 상을 받고 학교의 명예를 높이기도 했다.

삼총사 중 실제로 6학년 짱은 성이다. 핑크빛 피부에 귀티가 났다. 쌍절곤을 가지고 다녔다. 아이들에게 위협적인 물건이라 주의를 주자 다신 가져오지 않았다. 두 번째 녀석 양이는 미남이다. 태권도 3단이고 근육질이다. 몽둥이로 엉덩이를 때리면 매가 튀어 오를 정도이나 노여움도 타지 않았다. 호야는 키가 제일 크고 주근깨 얼굴이 매력적이다. 엄마가 학교 일에 봉사하는 분이었다. 이들은 남에게 피해를 주거나 못된 장난은 하지 않지만 수업 분위기를 흐려 놓기 일쑤였다.

일기를 검사하다가 발견한 내용이 있었다. 노랑머리가 우리 반 성이에게 결투를 신청했다. 토요일 3시 다리 밑에서 졸개 40명과 대결을 하자는 계획이었다. 노랑머리는 늘 성이를 라이벌로 생각하고 있었다. 셋을 불러 세웠다.

"성이야, 너 노랑머리와 싸울 거니?"

"네. 이길 자신 있어요."

"5반 부하들은 40명이라는데?"

"모으면 돼요. 곧 모을 수 있어요. 맨손으로만 싸우면 이길 수 있어요."

"그 녀석을 믿니? 무기를 숨기고 있다가 찌를 수도 있어. 이건 아니다. 40명을 세워 놓고 결투를 한다는 게 말이 되니?"

부하들이란 학급 남자 재적수만 해도 40명이 넘으니까. 삼총사들은 모두 진지했다. 담임에게 노출되었으니 이들의 결투 계획은 곧 무산되었다. 생활 주임 19반 담임에게 보고했고, 학교에 비상이 걸려서 사고를 미연에 방지할 수 있었다.

삼총사 녀석들은 수업 분위기를 흐리며 교실을 웃음바다로 만들었다. 그땐 교실이나 복도를 깨끗이 하려고 아이들은 마른걸레를 하나씩 가지고 있었다. 단체로 꿇어앉아 교실 바닥을 닦은 일은 흔한 일상이었다. 수업 중 방해가 되면 칠판 앞에서 녀석들을 무릎 꿇리고 걸레로 칠판 앞을 닦게 하는 벌을 내렸다.

"마룻바닥이 반들거리도록 땀이 날 때까지 닦아라."

"선생님, 저 이마에 땀이 났어요."

"아닌 걸 알아. 침 바른 거잖아. 선생님을 속여?"

"어떻게 아셨어요?"

"귀신을 속여라. 이 녀석들아."

어디로 튈지 모르는 세 녀석은 특활반 수예부이다. 여자애들만 모이는 수예부 맨 앞에 앉혔다. 내 눈앞에 있어야 안심이 된다. 녀석들은 여자애들 속에서 바늘에 실을 꿰어 바느질했다. 여자애들 못지않게 도시락 주머니를 완성했다. 망아지처럼 날뛰던 녀석들이 조용하게 바느질하는 걸 보면 귀여웠다.

여름이 시작되는 6월 어느 날, 점심을 먹은 후 30분 가장 자유로운 시간이다. 모두 밖으로 뛰어나갔다. 빈 교실에서 오후 수업을 준비하고 있는데 쿵쾅거리며 뛰어오는 소리가 들렸다.

"선생님, 큰일 났어요. 5반 짱하고 성이하고 싸워요!"

"빨리빨리 19반 선생님 불러."

"네."

생활 주임, 학년 주임, 남자 선생들이 뛰어나갔다. 잠시 후 성이가 잡혀 왔다. 뻘겋게 흰자에 흠집이 생겼다. 사건의 전말은 이러하였다. 점심시간에 놀던 성이가 수돗가에서 수도꼭지에 입을 대고 물을 먹고 있었다. 그 틈을 이용해 노랑머리가 뒤에서 몰래 다가와 성이의 눈을 뽑는다고 두 손으로 눈을 후볐다. 성이는 재빠르게 몸을 일으켜 수돗가 옆에 있는 대형 유리창을 깼다. 손에 깨진 유리 조각을 들고 노랑머리 뒤를 쫓았다.

"이 새끼 죽여 버릴 거야."

노랑머리는 결투 신청이 무산되어 늘 성이와 힘겨루기의 기회를 노리고 있었다. 성이는 노랑머리가 가질 수 없는 걸 다 가졌다. 또 인기가 있었으니 아무도 가까이할 수 없는 녀석이었다. 이 사건은 성이의 눈 부상으로 끝이 났다.

학교는 벌을 내렸다. 두 녀석은 하교 전에 과학실에서 매일 반성문을 쓰고 생활 주임에게 몽둥이로 엉덩이를 맞고 집으로 갔다. 그리고 6학년 19반 전체에 혹독한 징계가 내려졌다. 점심시간에 밖으로 나갈 수가 없었다. 남자만 40여 명 사춘기 소년들의 땀과 몸 냄새가 교실에 진동했고, 부실 공사로 슬래브 천장의 4층 교실은 위에서 내려오는 열기가 사우디 사막의 더위를 능가했다.

넷째 막내가 태동하며 입덧하기 시작했다. 교사용 책상을 앞 출입문 앞에 놓았다. 복도 창문에서 불어오는 실바람이라도 맞이하려 했다. 흐르는 땀으로 알레르기 피부병이 퍼지기 시작했다. 어릴 때 있었던 피부병이 다시 생기기 시작했다. 땀과 먼지와 피로의 합작품으로 어른이 되어 재발하였다.

꿀맛 같은 점심시간을 반납하고 교실에 감금된 80여 명의 소년, 소녀들은 이 지루한 시간을 불평 없이 보내고 있었다. 우리 반 짱과 노랑머리의 미완성 결투의 결과였다.

6학년의 주된 임무는 주번이었다. 주번들은 등교할 때 전교생의 교통정리를 맡는다. 교통 당번은 삼총사처럼 체격이 좋은 아이들로 구성되었다. 겨울 교통 당번은 사거리까지 가서 신호등 역할을 했다. 당번 교사도 함께하였다. 전교생이 등교하기 전까지 길에 서 있으면 영하가 아니라도 겨울 날씨에 몸이 얼어붙는다.

교통 당번을 끝내고 들어오는 녀석들의 코와 볼이 빨갛게 얼었고 몸에서는 냉기가 뿜어져 나왔다. 이런 비상사태를 대비해 아이들에게 등교할 때 나무토막 하나씩을 가져오게 하여 교실 뒤에 쌓아 두었다. 조개탄 없이 나무토막만 태워 냉기를 없앨 수 있었다. 그러나 교통 당번을 위해 행동대원 몇 명에게 조개탄을 부탁하였다. 행동대원들은 양동이에 조개탄을 몰래 가지고 왔다. 난롯불 피우기 달인인 담임은 빠르게 불을 붙여 조개탄을 넣고 뚜껑을 덮었다. 1시간쯤 지나야 조개탄에 불이 붙었다. 2교시가 되어 온기가 돌면 커다란 주전자에 물을 끓였다. 3교시가 끝날 때쯤 목장갑을 끼고 아이들의 양은 도시락을 난로 위에 올려놓는다. 도시락이 골고루 따뜻해지게 번갈아 위치를 바꾸었다. 따뜻해진 교실의 점심시간은 행복했다. 수고한 교통 당번을 위한 도둑 불 피우기로 모두 포근한 하루를 보냈었다.

　겨울이 끝나 갈 2월, 아이들을 가장 설레게 하는 중학교 배정의 날이 왔다. 배정통지서를 나누어 주었다. 근처의 같은 학교로 배정된 아이들은 서로 뭉쳐서 떠들고 있었다. 희망과 호기심으로 새로 시작될 중학교에 대해 기대가 가득했다. 주임에게 가서 물었다.
　"주임 선생님, 오늘 단축 수업인가요?"
　"단축은 없습니다. 6교시까지 합니다."
　"교장 선생님께 건의 좀 해 주세요."
　"안 될 겁니다."
　주임은 건의하지 못한다. 교장에게 흠이 잡히면 승진 점수에 지장이 올까 봐 몸조심하는 것이다. 마음이 들뜬 아이들에겐 정상 수업이 안 되었다. 인터넷도 영상도 없었다. 전화도 없는데 빨리 엄마에게 알리고 싶어 했다. 아이들과 비밀 작전을 세웠다. 약속을 지킬 수 있으면 오늘 단축 수업 하겠다는 말에 반대할 녀석들은 없었다. 조용히 가방을 싸도록 지시했다. 가방과 신발주머니를 들고 입을 다문 80여 명은 한 분단 한 줄씩 조를 짰다.

아이들은 허리를 굽혀 다른 반에게 들키지 않도록 조용히 교실 밖으로 빠져나갔다. 수업하고 있는 18반을 지나 4층에서 1층으로 내려가 학교 옆 쪽문으로 사라졌다. 맨 끝으로 삼총사가 임무를 완성하고 하교했다. 우리 반의 비밀 작전은 오후 2시간 땡땡이로 마무리하였다. 이튿날 반 대표 호야 엄마의 편지를 받았다.

'선생님, 멋져요. 6교시까지 공부한다고 효과가 있을까요. 선생님의 탈출 작전은 완전 성공입니다. 아이들 모두 좋아했답니다. 선생님의 가르침에 적극적으로 지지합니다. - 호야 엄마 드림.'

호야 엄마의 편지를 보니 비밀 작전은 실패했다. 엄마에겐 숨길 수 없었나 보다. 학교만 모르면 되지요.

졸업이 가까워지니 인근 중학교 불량 학생들이 우리 반 삼총사를 포섭한다는 소문이 돌았다. '삼총사 불량 서클 입문 절대 불가'의 목표를 세웠다. 세 녀석들의 하교 시간을 다르게 했다. 하교 뒤 쪽문으로 조용히 사라지게 하여 무사히 졸업하였다. 그 후 사실 확인은 할 수 없었지만 노랑머리가 칼에 맞아 죽었다는 소식을 들었다.

세월이 흘러 내가 50대 초반일 때였다. 학교 교무실로 전화 한 통을 받았다. 호야였다. 호야는 기쁨에 들뜬 음성으로 내일 결혼한다고 했다. 그리고 신혼여행 후 선생님을 찾아뵙겠다는 말로 전화를 끊었다. 순간 당황하기도 했다. 6학년 때 담임을 기억한다는 것은 매우 드문 일이다. 그간 여러 번 바뀐 학교를 알아낸 것도 신기하다. 학교로 전화할 생각을 했다는 것도 기특하다. 또 결혼한 신부와 찾아온다니 당연히 축하해 줄 일이었다. 그러나 호야는 오지 않았다. 아직도 신혼여행 중인가 보다. 하하하.

2부
공교육의 가치

[84~88]

아침 조회 모습

어린이 회장(타4)

다섯 번째 학교로 이동하였다. 이동하던 해 4월에 막내를 낳아 네 아이의 엄마가 되었다. 다음 해 큰애가 6학년이 되고 나도 6학년 담임이 되었다. 학교는 주택 한가운데 위치했다. 가난한 학교에서 보기 드문 새 담임에게 관심이 집중되었다. 내 아이에게 불이익이 오지 않을까 하는 염려 때문이었다. 6학년이기도 했고 중학교 입학 전이라 긴장하는 점도 있었다.

제일 먼저 욱이 엄마가 찾아왔다. 욱이 엄마는 흰 봉투를 꺼냈다. 거절하였다. 찾아오지 못하는 이들에게 상처가 될 수 있으니 받을 수 없다고 했다. 대신 교실에 뭔가 해 놓고 싶다는 것도 사양하였다. 소문은 곧 퍼져서 엄마들의 발걸음이 끊겼다.

뚱땡이 선생이 찾아와 작년에 담임했던 자녀들을 소개하였다. 학교 명사들이 있으니 기억하라고 했다.

"김 선생, 남이 엄마와 진이 엄마 왔었지요?"

"네."

"그 애들 괜찮아. 잘 봐줘."

뚱땡이 선생이 인계해 준 엄마들은 만나지 못했지만 그냥 '네'라고 짧게 말했다. 두 엄마는 그 마을에서 잘산다는 소문이 있었다. 그녀들의 아들 남이와 딸 진이는 착하고 성실하며 품성이 고아서 교우 관계가 좋았다. 드디어 엄마들이 나타났다. 그녀들은 내가 촌지를 거부하는 것을 좋아하지 않았다. 그들에게 촌지는 큰 부담이 되지 않았고 촌지를 통해 자신의 아이들이 특별 대접받기를 원했다. 촌지는 일종의 뇌물이었다. 또 그녀들은 교장실을 들락거리며 학교 행사에 참여했다. 또한 교장의 거마비를 책임져 주며 특별 대우를 받는 것 같았다.

 남이 엄마의 소원은 아들이 반장이 되고 전교 회장이 되는 거였다. 남이는 착하고 인기가 있어서 반장이 되었다. 전교 회장이 소원이라니 그런 것쯤 도와줄 수 있다. 회장 출마 전 발표문을 멋지게 써 주었다. 그리고 연습을 시켰다. 남이는 키가 작으니 키 작은 나폴레옹을 들먹이는 연설로 전교 회장이 되었다. 남이 엄마는 좋아서 달려왔다. 가문의 영광이라며 돈을 쓰고 싶어 하였다. 동 학년 교사들 회식으로 그녀의 소원을 들어주었다.

 그러나 남이와 진이는 보통의 성적으로 학업 수준이 높지 않았다. 전 학년 성적은 우수하게 평가했다. 열심히 하고 모범적이고 교우 관계 좋다는 것과 학력 평가는 다르다. 80년대 초부터 평가의 기준이 달라졌다.

 교장은 올해 졸업 포상의 기준을 발표하였다. 학교의 봉사자 자식들에게 이익을 주게 하는 제도를 만들었다. 졸업식에 상을 받는 것을 큰 명예로 생각하던 학부모를 겨냥한 것이었다. 학년말 평균 점수에 가산점을 넣어 총점으로 계산하기였다. 가산점은 학년 임원(어린이회장, 학급 반장) 점수와 각종 상이다.

 1년 동안 받은 상을 '5, 4, 3' 점수로 환산하였다. 착한어린이상뿐 아니라 마을의 기관장들도 수시로 상을 남발하였다. 새마을금고사장상, 소방서소장상, 구청장상, 우체국장상 등등이다. 그들이 수시로 상을 주어 다 가산점이 되었다. 이 행사의 상은 담임 재량이었다. 상은 각 반이 돌아가며 받게 하였다. 평균에 이 점수를 더하여 졸업 점수로 졸업상을 결정하는 것이었다. 교장 나름대로 지필평가만이 아니라 활동 상황에 점수를 준 새로운 시도였다.

명사의 자녀 남이와 진이는 학업 성적 최우수아가 아니기에 아무리 가산점을 더해도 최고의 성적이 되지 못했다.

졸업 성적이 나왔다. 전교 회장 남이는 가산점 최고의 점수를 받았다. 전교 회장, 착한어린이상의 두둑한 가산점에도 졸업의 큰 상에서 맨 꼴찌로 밀렸다. 열심히 공부하는 모범생이었다. 전교 회장에게 졸업식에서 제일 큰 상을 주고 싶은 교장의 뜻이 빗나갔다. 교장의 마음을 읽지 못하고 교장이 인정한 학교 인사들 자녀에게 큰 상을 주지 못한 이 큰 죄인을 교장은 어떻게 생각했을까. 진이도 같았다. 가산점이 많아 합산해도 겨우 20% 안에 들어간 우등상에 머물렀다.

졸업식 날이다. 생각보다 많은 학부모들이 왔다. 남이와 진이 엄마는 밍크(그때 명품)로 몸을 감고 나타났다. 밍크 입을 날씨가 아니건만 자신들의 부를 나타내려 한 것 같았다. 3월 초 내게 그리 친절하게 다가오던 그녀들은 큰 상이 밀려서 매우 화가 나 있었다. 인사를 하는 둥 마는 둥 거만하게 아니 쌀쌀맞게 아이들을 데리고 가 버렸다. 남은 학부모들은 줄을 서서 한 사람씩 인사를 하고 가는 훈훈한 풍경을 만들었다.

교장과 학교의 명사 자녀들을 만족시키지 못한 내가 죄책감을 가져야 했나? 초등학교 성적과 상장은 일생에 그리 중요하지도 않다. 그들의 실기 점수에 만점을 주면 가능할 수도 있지 않았을까. 초등학교에서 학부모의 치맛바람 비위를 맞추고, 교장의 기분을 좋게 하면 큰일 나는 것도 아니다. 성적은 담임의 고유 권한이니까. 누이 좋고 매부 좋은, 좋은 게 좋은 거라는 한국적인 사고로 살아도 좋으련만 내가 생각해도 못 말리고 고상하지 못한 막교사(평교사 비하 말)다.

졸업식이 끝난 후 6학년 젊은 교사가 찾아왔다.

"김 선생님, 선생님처럼 하지 못한 우린 나쁜 교사인가요?"

'학부모 호의를 거절한 것이 타 교사의 자존심을 건드렸나?' 차마 이런 부작용이 있으리라곤 생각하지 못했다. 후배에게 당당하게 나의 교육관이라고 말하지 못했다. 이제 생각을 바꾸기로 했다. 아무에게도 내 생각을 표현하지 않으리라. 주면 받을 것이고 거절하지 않을 것이다. 평가를 정확하게 하면 된다. 후배 교사들과의 어색한 관계, 이것도 아닌 거다. 이번 6학년을 맡으며 평소에 늘 마음에 걸렸던 일을 표현한 것의 부작용이었다.

교장, 교감에게 비위를 맞추고 귀부인 학부모의 뜻을 받아주었어야지. 귀한 자녀에게는 보이지 않는 실기 점수에 만점을 줄 수도 있었다. 후배 교사들을 불편하게 했다. 그해의 6학년 담임의 뒷맛은 씁쓸했다. 그러나 부끄러운 짓은 하지 않았다.

가수(84)

 이 학교는 두 딸들과 함께 걸어서 갈 수 있는 최고의 조건이었다. 주택 안에 있는 학교는 이전 학교보다 안정된 분위기였다. 여고 뒷길을 걸어가는 등굣길 골목에 허름한 집들이 몇 채 있었다. 미야는 이곳에 살고 있었다. 외할머니와 외숙모 내외와 함께 살았다. 외삼촌 내외는 헌책방을 하였다. 미아는 이 집의 천덕꾸러기로 마을에 소문난 아이였다. 외숙모는 미아에게 날마다 욕을 퍼부어 저주하였다. 넉넉지 못한 집에 조카와 시어머니를 모시는 스트레스를 미야에게 퍼붓고 있는 듯했다. 힘이 없는 미야의 외할머니는 아무 말도 못 하며 살고 계셨다.
 우리 반이 된 미야의 첫인상은 곱지 않았다. 얼굴은 상처투성이고 기름기 없는 노란 머리칼, 분노에 찬 표정이 무서울 정도였다. 작은 눈에 불만이 가득하고 공격적인 태도를 가지고 있었다. 이 거친 소녀는 매일 싸움을 했다. 싸움이 시작되면 남녀를 가리지 않고 이겨야 끝이 났다. 미야는 어떤 충고나 꾸지람이 먹히지 않고 반성하지 않았다. 분노에 찬 미야 마음을 움직이고자 고민을 했다.
 문제아 다루기 흔한 방법 중 하나는 짝을 바꾸어 보는 것이었다. 그렇다고 해결된 적은 없지만 한 아이만 불편을 겪게 할 수가 없기 때문이었다. 주로 동성끼리 짝을 만들어 주다가 싸움꾼 개구쟁이 용이와 짝을 해 주었다. 용이는 엄마의 특별한 부탁을 받은 적이 있다. 집에서도 말썽이 끊이지 않아 선생님의 매가 필요하다고 간곡히 부탁했다. 용이와 미야 그들은 서로를 잘 알고 있는 듯 며칠 동안 싸움 없이 조용히 지나갔다.

'그래. 내 계획이 성공했구나. 사자와 호랑이의 만남. ㅎㅎ'

그러나 그것도 며칠뿐이었다. 둘은 수업 중인데도 격렬하게 싸웠다.

"용, 이리 나와. 너처럼 강한 사나이가 약한 여자와 싸우고 싶니?"

"미야가 먼저 약 올렸어요."

"그래도 여자잖아."

"미야는 여자가 아니에요."

"뭐? 그럼 미야가 남자야?"

그리고 몽둥이로 용의 엉덩이를 때렸다. 엄마가 부탁했으니까. 용이는 짝을 잘못 만나 억울하게 벌을 받았다. 미야를 위한 것이었다. 다음 날도 둘은 으르렁대고 있었다. 용이를 불러 꾸지람을 시작했다. 거의 매일 용이는 미야 때문에 벌을 받았다.

"네가 남자라면 참고 여자를 보호해야지."

"내가 먼저 그런 거 아니라고요."

"그래도 네가 참아."

말도 안 되는 판단을 내리며 용이를 억울하게 하였다. 용이 엄마의 특별한 부탁이 없었다면 할 수 없는 일이었다. 그리고 미야를 살리고 싶은 마음에 용이가 희생양이 되고 있었다. 나의 방법이 시행착오로 끝날 수도 있지만 용이를 속으로 위로하고 있었다. 용이는 억울해서 얼굴이 벌겋게 달아오르며 씩씩거렸다. '나도 알아 용이야. 미야보다 네가 더 착한 애란 걸.' 그때 자리에 앉아 있던 미야가 뛰어나왔다.

"선생님, 저도 잘못했어요. 제가 먼저 그런 거예요."
"그랬니? 용아, 미안하구나. 선생님이 잘 몰랐네."
 미야의 자기표현은 의외였다. 자기 때문에 짝꿍 용이가 선생님께 맨날 혼나는 것이 미안했었나 보다. 미야 마음에 변화가 보이기 시작했다. 가정에서 자기편이 없었는데 선생님은 잘잘못을 따지기 전에 자기편이 되어 주니 마음을 연 것 같았다.

 미야는 노래를 잘 불렀다. 수업 중 아이들의 재주를 발견할 때가 많다. 그럴 경우 아이를 수업에 참여시키는데 미야가 그런 경우였다. 허스키 목소리로 음정과 박자가 바르고 고음도 잘하였다. 미야를 우리 반 가수로 임명했다. 음악 시간에 활동하기로 했다. 다 알고 있는 노래라도 꼭 미야가 노래를 하게 했다. 음악 시간은 미야의 선창으로 시작하였다. 음악 시간이 다가오기 전 미야는 엉덩이를 의자에 붙이지 못하고 나올 준비를 하고 있었다.
"가수 나오세요."
 이름이 불리기 전에 미야는 먼저 풍금 옆에 서 있었다. 지난 노래를 복습하고, 새 노래를 선창하였다. 풍금 반주와 함께 그녀는 노래를 타고 날아가고 있었다. 우리 반 가수 미야는 차츰 조용해지고 표정이 밝아졌다.
 해마다 어느 학년이든 매일 일기 검사를 하였다. 미야도 일기를 썼다.
 '나는 노래를 잘한다. 지금까지 아무도 노래를 잘한다고 말해 주지 않았다. 음악 시간이 제일 좋다. 날마다 음악만 했으면 좋겠다. 나의 꿈은 가수이다. 내가 커서 가수가 되어 할머니와 행복하게 살고 싶다.

할머니를 호강시켜 드리고 싶다.'

어느 날 아침, 교실에 들어서니 책상 위에 누런 종이에 싼 커다란 꾸러미가 있었다. 꾸러미를 풀었더니 그 속에는 낡은 인형과 편지가 있었다.
'선생님, 제가 만든 인형이에요. 미야가 선생님께 드립니다.'
보기엔 헌 인형이지만 미야가 만든 인형이었다. 재료가 헌 양말이었기에 낡아 보였다. 양말 뒤꿈치에 솜을 넣어 얼굴을 만들었다. 양말목은 몸통이 되었고, 장갑 손가락으로 팔과 다리를 달았다. 고깔모자도 씌웠다. 얼굴에 사인펜으로 어설프게 그린 이목구비는 삐뚤어져 있다. 헌 양말은 낡고 헤져서 전혀 예쁘지 않았고 볼품이 없었다.
그러나 많이 감격하며 칭찬했다. 그리고 교사용 책상 위에 인형을 고정시켜 놓았다. 선생님께 선물하고 싶은 마음으로 만든 헌 양말 인형은 세상 어떤 인형보다 값진 명품이 아니더냐! 6학년 솜씨라고 하기에도 그리 잘 만든 건 아니었지만 눈물겨웠다. 인형을 바느질할 때 그 시간이 행복했을 거다. 선생님을 생각하며 만든 미야의 인형은 졸업하는 날까지 내 책상을 지켰다. 졸업식 후 인형은 쓰레기통으로 갔을 거다. 지금도 생각나는 처키 인형(영화에 나오는) 같은 못난 그 인형!

미야는 중학교로 진학하였다. 한 해가 지나 미야가 학교에서 퇴학당했다는 소식이 들려왔다. 중학교 2학년이 무슨 잘못을 했길래 퇴학 처리를 했을까. 그녀의 마음을 읽어 줄 사람이 없었을 것이다. 눈물 나게 가슴 아팠다. 그녀의 매력적인 목소리가 듣고 싶다. 미야의 가수의 꿈은 어찌 되었을까? 가수가 되었을지도 모른다.

공주(86)

매주 월요일엔 운동장 조회가 있었다. 운동장 조회의 하이라이트는 교장 선생님의 훈화였다. 햇볕이 내리쬐는 날 훈화가 길어서 쓰러지는 아이도 있었다. 훈화는 아무도 귀담아듣지 않았다. 교사들은 각 반 줄 앞에 서 있는 반장, 부반장을 눈여겨보다가 우리 반 부반장에게 눈길을 돌렸다. 날마다 전신 코디에 머리핀부터 양말, 신발까지 색을 맞추었다. 지금껏 그렇게 멋지고 세련된 아이는 없었다. 교사들은 우리 부반장 홍에게 집중하며 수근거렸다.

"와 대단해. 전교에서 제일 멋지다."

"뉘 집 딸이야. 엄마가 유별난 거지."

홍은 같은 마을에 살았다. 친가가 유복한 듯했고, 여유롭게 살고 있었다. 주일이면 시내 중심가 전통 교회에서 가족이 예배를 드리고 오후에 드라이브로 짧은 여행을 즐겼다. 주말여행을 즐기다 보니 월요일이면 정신 줄을 놓은 것 같았다.

홍이는 두뇌가 명석하고, 수리력이 높았으며, 문장력이 좋은 학습 우수 아이였다. 3학년 때까지 담임의 사랑과 관심 속에서 특별 대우를 받았다. 학교는 즐거웠으며 홍의 엄마는 학교에 자주 드나드는 열성파 엄마였다.

4학년은 고학년의 시작이라 학습량이 많아지고 이해하기 힘든 단어들이 등장하였다. 사교육이 없던 때라 학교 숙제는 한몫을 차지하였다. 양이 많아진 사회와 국어, 산수는 예습이 꼭 필요하였다. 그런데 홍이는 숙제를 하지 않고, 학습 도구도 잊고 왔다. 숙제를 못 해 오는 아이들은 뒤 칠판 앞에서 숙제를 했다. 다 하면 검사 맞고 들어가는 게 우리 반 규칙이었다. 뒤 칠판 앞에서 쪼그리고 앉아 숙제하는 녀석들은 거의 지진아나 몇몇 개구쟁이 남자였다. 멋쟁이 홍이는 그 녀석들 틈에 끼워 무릎 꿇고 숙제를 하였다. 그뿐인가. 준비물이 없는 날이 많았다. 준비물이 없는 걸 아는 순간 홍이는 작년 담임에게 달려갔다. 여러 가지 학용품을 가지고 있는 저학년 전문 교사에게서 가져왔다. 저학년 전문 교사라고 하면 1, 2학년만 하는 교사를 칭하였다. 고학년은 과목이 어렵고 시간도 많으니 이런 분들은 교장의 총애를 받는 교사들이었다. 작년 담임은 친엄마 노릇을 하고 있었다. 지금 담임은 계모가 된 느낌이었다.

어느 날, 반복되는 잘못으로 반성문을 일기장에 쓰게 하고 엄마의 도장을 받아 오라 하였다. 홍이는 일기장을 매일 보는 엄마에게 들킬까 봐 찢어 버렸다. 그녀의 자존심을 지켜 주기 위해 아무 말도 하지 않았다. 쥐도 도망갈 구멍을 남겨 두라는 속담처럼.

홍이는 3년 동안 칭찬만 받다가 4학년이 되자 인정받지 못해 얼굴이 늘 우울하였다. 홍이만 특혜를 줄 수는 없었다. 홍이의 몸치장에는 신경을 쓰면서 학습 준비에는 소홀한 홍이 엄마를 이해할 수 없었다. 1학기가 끝나는 날, 홍이 엄마는 담임이 못마땅한 것을 티 내었다. 사립학교로 전학 가려 한다고 말했다. 환경을 바꾸는 것도 한 방법이라고 그 의견에 동의했다. 그러나 홍은 전학을 가지 않은 채 5학년으로 올라갔다. 머리가 좋아 성적은 좋았다. 다만 특별 대접을 받지 못한 것뿐이었다. 5학년 생활이 궁금하여 새 담임에게 물어보았다.

"선생님, 홍이 잘하고 있어요?"

"그럼, 우리 반 보석이에요. 모든 면에 완벽해요. 선생님이 잘 지도해 주셔서 내가 편하지요."

새 담임은 칭찬하기에 침이 마를 지경이었다. 돌덩이 같은 원석을 1년 동안 다듬느라고 힘들었던 것을 누가 알까. 그렇게 잘할 수 있었는데 내 앞에서는 그렇게 속을 터지게 했니? 왜 왜 왜! 새 환경에 변신하여 자신의 위치를 찾아갔구나. 머리가 좋아 충분히 혼자 할 수 있었는데 엄마의 치맛바람으로 애를 망치게 한 게 아닌가? 부모의 과잉보호는 아이들의 자생력을 망친다. 학부모의 열성에 놀아난 어리석은 교사도 공범이다.

10년쯤 시간이 흘렀다. 우연히 버스 안에서 홍이를 만났다. 그녀는 대학생이 되어 웃으며 반갑게 인사했다. 그녀의 웃는 얼굴을 처음 봤다.

"안녕하세요. 선생님, 저 홍이에요."

"오~ 그래. 대학생이 되었네."

"네, 저 Y대 영문과예요."

"잘했구나. 늦었지만 축하한다."

어느 대학 갔느냐고 묻기도 전에 자랑스럽게 말했다. 그녀는 청바지에 티를 입은 풋풋한 처녀로 잘 자랐다. 어릴 때 전교에 날리던 그 멋쟁이는 엄마의 인형 놀이였구나. 인형 놀이가 끝난 엄마는 시간을 어떻게 보냈을까 궁금했다.

장학금(86)

현이는 보기에도 가정 형편이 어려워 보였다. 아빠는 인쇄업이 망해서 명함을 찍고, 엄마는 명함을 영업하여 생계를 유지하였다. 엄마는 고생을 많이 한 티가 나고 몸도 허약해 보였다. 그러나 순박하고 예의가 바르고 겸손하였다.

현이는 내성적이어서 손을 들거나 의사 표시를 하지 않고 자신감이 없어 보였다. 그러나 순종적이며 성실하였다. 어느 학년이든 일기 쓰기를 고집하는 담임을 싫어했다. 매일 검사를 하기 때문이었다. 아이들의 고민은 일기를 쓸 게 없다는 것이었다. 생활이 단조로운 일과에 일기 주제를 정해 주었다. 수업 중에 새로운 지식, 정보, 질문, 좋은 점, 이상한 점 등등을 찾아내는 것이었다. 이 방법은 복습의 효과도 있었다. 현이의 단순한 일기는 나날이 발전했다. 글씨도 좋아지고 사고력도 눈에 띄게 발전하였다. 산수는 매일 연산 20개 해 오기여서 현이의 시험 성적은 눈부시게 발전하여 상위권으로 들어섰다.

학급 경영과 수업 방식에 적극 찬성하는 분은 현이 부모다. 현이 엄마는 아들의 학교생활이 즐겁고 신나며 발표도 잘하게 되어 매우 기뻐했다. 발표는 돌아가며 한마디씩 소리만 내게 하면 누구든지 발전하였다. 현이 아빠는 현이가 인생에 한번 만날까 말까 하는 스승을 만났다고 좋아하셨단다. 같은 공간에서 같은 내용과 같은 방법으로 가르쳐도 받아들이는 사람에 따라 반응이 달랐다. 현이 부모는 인격이 훌륭한 사람이었다. 인격은 종교의 유무, 학력의 고하, 빈부의 차이, 인종의 다름에 상관없이 타고나는 것이란 생각이 들었다. 인격은 누가 가르쳐 주거나 훈련으로도 만들어지지 않는다는 걸 느꼈다.

그해가 끝나고 인근 학교로 전근을 갔다. 추석이 가까운 어느 날, 교실로 현이 엄마가 찾아왔다. 명절이면 현이 엄마와 외할머니가 잠깐씩 유과를 만들어 파셨다. 마침 선생님 생각이 났다고 바구니에 담아 왔다. 유과를 좋아하는 친정 엄마를 모시고 사니 참으로 반갑고 고마웠다. 그리고 현이네 가정에 변화가 왔다. 경기도 신도시에 작은 아파트로 이사 가게 된 것이었다. 서울을 떠난다는 것에 고민이 많았다. 혹 현이의 성적과 진학에 지장이 있지 않을까 하는 우려였다.

"걱정하지 마세요. 환경도 중요하지만 자기 능력과 노력에 따르기 때문에 현이는 어딜 가나 잘 적응하고 성적에 변함이 없을 것입니다."

"감사합니다. 맘이 편해졌어요."

나의 격려 한마디를 듣고 현이 엄마는 웃으며 돌아갔다. 이사 간 아파트라는 새 공간을 행복으로 채웠으리라.

몇 년이 지난 어느 날, 현이 엄마가 찾아왔다. 현이는 벌써 고등학생이 되어 있었다. 그간 현이 아빠가 세상을 떠났다고 하였다. 한탄강으로 물놀이를 갔을 때 아들들과 아빠가 물에서 놀다가 현이 형이 물살이 센 곳으로 밀려갔단다. 아들이 빠진 걸 보고 아빠가 따라갔는데 아빠는 아들을 끌어 올리고 자신은 물에 빠졌다고 했다. 눈앞에서 아빠가 아들을 살리고 가신 충격이 얼마나 컸을까. 갑자기 가장이 눈앞에서 사라진 일은 흔한 일이 아니었다. 충격을 벗어나니 생계가 막막했다. 아빠의 기술로 살아왔으나 엄마는 할 줄 아는 게 없었다. 엄마는 붕어빵 장사를 하려고 리어카를 준비하였다. 오후 수업이 끝나면 엄마의 장사가 시작되었다. 현이는 엄마의 무거운 리어카를 밀고 가는 걸 도왔다. 하교하는 길에 친구들과 선생님께 노출되었다. 엄마는 아들에게 미안하고 부끄러워했지만 현이는 아무렇지 않다고 했다. 역시 부모의 인성을 아들이 닮은 것 같았다. 현이 아빠의 소식은 날 슬프게 했다. 이 모자를 위해 내가 해 줄 수 있는 게 뭘까?

"장학금! 현이 어머니, 제가 장학금을 신청해 볼게요."

"선생님이 어떻게…."

"걱정 마시고 제가 연락하면 오세요."

'초원장학회' 이 장학회는 교사들의 모금으로 운영되고 있다. 불우학생들을 사랑하는 교사들의 자선 모임이었는데 나도 회원이었다. 장학회에 전화를 걸었다. 필요한 서류와 추천서를 썼다. 내가 낸 장학금이 내 제자에게 갈 줄 누가 알았겠는가? 초원장학회는 현이에게 고등학교 2, 3학년 2년 동안 장학금을 지급하기로 했다.

현이 아빠가 내게 보낸 찬사를 난 이렇게 보응하게 될 줄 몰랐다. 후에 현이가 공과대학에 입학했다는 소문을 들었다. 순박한 현이 엄마는 건강해지셨는지, 약과를 만들던 할머니는 살아 계신지 궁금하다. 착한 사람들이 건강하고 행복하기를 기도한다.

회원등록증
~생활은 검소하게 마음은 여유있게~

제7827호

이름 김부혜

이 분은 푼돈 모아 결손가정 청소년들에게 장학금을 주고 소외된 이웃과 사랑을 나누는 초원봉사회의 겨자씨 운동에 동참하는 후원회원입니다.

초원의 길 스승의 길, 바른 사도실천을 향하여 어려운 이웃과 함께 가는 길목에서 만난 오늘의 맑은 마음을 오래오래 간직하고자 이 징표를 드립니다.

1996. 6. 10.

재단법인 초원장학회장
초원봉사회장 유 승 룡

사랑의 숲을 가꾸기 위하여

더불어 사는 초원봉사회

1. 초원은 '좋은 세상 만들기'에 꿈이 있는 분들이 소외된 이웃과 정성을 나누는 사랑의 공동체입니다.
2. 따라서 스스로 참되게 사는 정신운동이요, 더불어 사는 실천운동입니다.
3. 가난으로 고통받는 이웃에 하루 10원만이라도 베풀겠다는 자비심만 있으면 누구나 후원회원이 될 수 있으며 한달에 1만원 이상을 익명으로 나눌 수 있다면 결연회원이 됩니다.
4. 회비가 부담이 될 때는 언제든지 중단하거나 자유롭게 조절할 수 있으므로 한 번 발행한 이 회원증은 종신 효력이 있습니다.

함께해 주셔서 고맙습니다.

~하루 10원 절약하여 1억원을 모으듯, 내가 아낀 정성으로 1천만을 돕자~

왕따(86)

　4학년 우리 반은 비교적 아이들이 안정적이었다. 4월 어느 날, 교실 앞문에 누가 찾아왔다. 문을 열고 보니 전학생이었다. 작은 여자아이와 나이 들어 보이는 여인이었다. 그녀는 자기는 엄마가 아니라고 소개하며 불쌍한 아이니 잘 부탁한다고 했다. 순이에게 물어보니 새엄마라고 하였다. 4학년이지만 2학년 정도의 키에, 보기에 초라하고 볼품없는 옷차림이었다. 고생이 많았던 것 같았다. 순이는 키도 작지만 학력 수준도 많이 떨어졌다. 그간 학교를 다니지 못한 것 같았다. 엄마가 여러 번 바뀌었다고 하였다. 학교 준비물을 전혀 갖추지 못했으나 수업 중에 집중하고 공부하려고 애쓰는 걸 보면 공부에 목말랐던 것 같았다.
　순이는 아이들에게 전혀 관심의 대상이 되지 못했다. 친해지려는 분위기가 전혀 보이지 않았으며 짝도 말을 걸지 않았다. 순이는 종일 담임만 바라보다가 갔다. 안타까운 마음이 들었다. 그 애는 조용히 왕따당하고 있었다. 아이들은 자신들과 동질감을 느끼지 못하는 것 같았다. 모자라거나 약하거나 뛰어나도 싫어했다. 왕따는 어느 집단이나 있게 마련이다. 어느 날, 순이는 아주 늦게 등교했다.
　"순아, 왜 늦었니?"
　"엄마가 새벽에 짐을 싸 가지고 집을 나가셨어요. 오빠랑 나랑 엄마를 잡으려고 따라갔어요."

"그래서 다시 오셨니?"

"네."

아빠랑 싸운 엄마가 집을 나가자 둘이 울면서 쫓아가 엄마를 잡아 오느라고 늦었다고 했다. 엄마 노릇은 전혀 하지 않아도 집에 어른이 있는 게 좋았던가. 애를 전혀 돌보지 않는 것 같았는데 아빠에게 문제가 있겠지. 새엄마 그녀는 떠돌이 같기도 했다. 순이 아빠나 엄마는 기본이 갖추지 못한 상태로 보였다. 순이에게 숨은 이야기가 많겠지만 알려고 하지 않았다. 그녀의 모습이 행복하지 않았다. 수업 준비 없이 몸만 교실에 앉아 있는 작은 아이가 안쓰럽기만 했다. 자녀를 책임지지 않는 보호자를 애타게 찾은 아이들만 불쌍하였다.

여름 방학이 시작되었다. 아무것도 할 것이 없는 순이는 지루한 나날을 보내며 편지를 보냈다.

'선생님, 전 학교가 좋아요. 방학이 지루합니다. 학교 갈 날만 기다립니다.'

마을의 친구도 없고 놀 것도 없고 먹을 것도 없고 책도 없는 그녀의 마음이 읽어졌다.

개학이 되어 가을 운동회 연습이 시작되었다. 순이는 체육복이 없었다. 한복과 흰 속바지도 없었다. 딸이 입던 한복을 가져다주었다. 체육복도 얻어 왔다. 그러나 흰 운동화와 꽃바구니도 없었다. 누군가 꽃바구니를 주었다. 어느 녀석이 실내화를 구해 주어 신겼다. 학급 아이들의 도움으로 순이는 가을 운동회 준비를 마쳤고 무사히 끝이 났다.

순이는 새엄마와 친하지 않아 어떤 요구도 할 수 없었나 보다. 그녀의 역할은 무엇이었을까? 밥은 해 주었을까? 빨래를 해 주었나? 돈을 벌어

왔나? 아이들에겐 소중한 존재였나? 그녀 자신이 자기는 엄마가 아니라고 내게 말했으니 아무것도 바랄 수 없었다. 퇴근길에 정육점에 들렀다.

"엄마, 울 선생님 오셨어!"

밖에서 놀던 녀석이 가게로 뛰어 들어오며 소리를 질렀다. 우리 반 녀석의 집이었구나.

"어머, 선생님, 안녕하세요? 선생님이 전학 온 순이에게 그렇게 잘해 주신다면서요."

학교 근처에 학부모가 있다는 걸 인지하지 못해 민망하였다. 할 말이 없어 고기를 사고 얼른 나왔다. 아이들이 순이를 조금씩 받아들이고 있다는 걸 알게 되었다. 실내화도 주고, 바구니도 구해 주며 친구 돕기에 동참한 아이들이었다. 아이들은 어른의 거울이라고 하지 않았던가? 순이는 차츰 우리 반 분위기에 스며들고 있었다.

운동회가 끝나고 얼마 후 순이는 다시 멀리 영등포 어디로 전학을 갔다. 4월에 와서 10월에 간 순이. 그 아이는 가자마자 편지를 보냈다.

'선생님, 보고 싶어요. 그 학교가 그리워요.'

그녀의 편지는 슬펐다. 내 생활은 사 남매와 친정 노모를 모시고 도우미도 야간 학교에 보내던 시기였다. 늘 정신없고 시간에 쫓기어 답장도 해 주지 못했다. 순이는 답장을 기다렸을 것이다. 편지로라도 꾸준히 그녀와 마음을 나누었으면 정서에 많은 도움이 되었을 것이다. 문제아를 다루어도 내 앞에 있을 때만 관심을 가졌지 후속으로 그들을 도와주지 못해 늘 아쉬웠다. 어른의 손길과 따뜻한 관심이 필요했던 순이의 시간에 도움이 되었다면 지금도 흐뭇했을 텐데. 가장 중요한 성장기에 순이는 어떻게 극복하며 살아 내었을까.

탐구 대상(87)

칠판 앞자리에 쌍둥이가 앉아 있었다. 곰돌이 푸를 닮은 두 녀석은 구별할 수 없이 똑같이 생겼고 성격도 같았다.

여름 방학이 끝나면 숙제를 내 왔다. 숙제 검사는 이틀 이상 걸리고 우열을 가렸다. 특히 탐구 생활 연구 숙제는 학교 차원에서 꼭 한 점씩 제출해야 했다. 올해 탐구 숙제는 쌍둥이의 두 가지 연구가 눈에 들어왔다. 선이는 '바퀴벌레', 후는 '단풍나무와 덩굴'이란 주제였다. 후의 작품 내용은 정원에서 자라는 덩굴이 단풍나무를 타고 올라가는 모습을 관찰한 것이다. 선의 작품보다 내용이 신선하여 선정하였다. 그리고 선과 후의 공동 작품으로 하였다. 16절 시험지에 연필로 써 놓은 짧은 연구를 좀 확대하도록 하였다. 스케치북에 깨끗하게 정리하고 사진도 곁들이게 하였다. 이 작품은 학교 대표 작품이 되어 드디어 구청의 대상을 타게 되었다. 교장이 날 불렀다.

"선생님 반 쌍둥이 작품이 구청대상으로 선정된 것 알고 계시지요?"

"네, 알고 있습니다."

"부모는 뭐 하시나?"

"모르겠습니다."

"그래요? 엄마에게 교장실로 오라고 전해 주세요."

쌍둥이의 가정환경조사서를 열어 보았다. 아빠는 은행원, 엄마는 전문대 강사였다. 쌍둥이 편에 교장의 뜻을 써서 편지를 보냈다. 쌍둥이의 엄마가 왔다. 엄마를 만나고 싶었다. 쌍둥이는 학교생활에 긴장감이 없었다. 지각을 잘하고, 세수도 안 하고 오는 날이 있었다. 숙제도 가끔 안 해 왔다. 다른 아이들에게 방해가 되거나 수업에 지장을 주진 않지만 조는 듯한 두 녀석이 늘 꼼지락거리며 조용히 놀고 있었다. 엄마는 아침 일찍 출근하고, 할머니가 살림을 하시는 상황이었다. 쌍둥이들은 밤늦게 자고 늦게 일어났다. 할머니가 깨우면 허겁지겁 오니까 세수도 안 하고 지각하였다. 장난감 조립에 정신이 팔린 두 녀석은 놀이에 심취하느라 공부에는 관심이 없었다.

그런데 방학 숙제 탐구 연구가 엄마의 도움으로 대박을 친 것이었다. 쌍둥이들의 엄마는 불쾌하다는 표정으로 나타나 알 수 없는 말을 했다.

"교장 선생님은 사람을 피곤하게 하네요. 저는 교장 선생님의 방침에 동의할 수 없어요."

"……?"

"이런 식으로 부담을 주면 연구하겠어요? 다시는 안 하지요."

쌍둥이 엄마의 기분 나쁜 표현은 날 당황하게 만들었다. 상을 타서 좋다느니 고맙다느니 영광이라느니 뭐 그런 말을 해야 하는 게 아닌가? 16절지에 연필로 가볍게 써낸 연구를 담임이 다시 정리하고 덧붙여서 상을 탔다. 그러면 처음 본 담임에게 수고했다는 말이라도 해야 상식 아닌가? 그리고 그녀는 3만 원이 든 봉투를 책상 위에 던져 놓고 가 버렸다. 뭐지? 교장의 부름을 마다하고 이상한 말을 하고 가 버린 쌍둥이 엄마의 의도를 후에 알아차렸다. 늘 한 박자 느린 나의 멍청함에 뒤통수를 맞은 것 같았다.

겉으로 보기에 고상한 한복 입은 여교장의 실체는 소문이 좋지 않았다. 반 대표 엄마들을 교장실로 불러들였다. 어머니 교실 회의가 있는 날이면 담임과의 만남을 차단하려 교사들 퇴근을 빨리시켰다. 늦은 시간까지 엄마들을 붙잡아 놓고 호의를 베풀며 친근감을 쌓았다. 순진한 엄마들에게 학교가 어렵다고 징징대었다. 청렴을 가장하고 교무실 커피도 자기 돈으로 샀다고 했단다. 학교 예산이 없어 복사기가 없다고 여러 학부모에게 기부를 받았다. 중고 복사기는 고장이 나서 쓸 수가 없었다. 그리고 교실 부족으로 4학년 학급이 과밀이라고 엄마들의 마음을 안타깝게 만들었다. 새 건물을 지어야 하는데 로비 자금이 필요하다고 손을 내밀었다. 쌍둥이 엄마는 알고 있었다. 학부모들 사이에선 이미 소문이 퍼지고 있었다.

그건 그렇고 전국대회 나가려면 준비가 필요했다. 우선 켄트지 한 장에 요약해서 포스터처럼 전시용을 만들어야 했다. 이것을 대학교수 엄마에게 부탁하였다. 쌍둥이 아들의 연구를 도왔으니 당연히 해야 했다. 그러나 사흘이 지난 후 쌍둥이 엄마는 도저히 줄일 수 없다고 켄트지와 원본 스케치북을 내 책상에 놓고 가 버렸다.

4학년에 비상이 걸렸다. 우리 학년의 일이니 동 학년 선생님에게 도움을 요청했다. 내용 요약은 내가 하였다. 봉 선생이 그림을 그리고 민 선생이 궁체 글씨를 쓰게 했다. 깔끔하게 되었다. 힘을 모으지 않으면 혼자서 할 수 없었다.

다음은 그날 발표할 차트를 모조지에 확대해서 여러 장 묶어야 했다. 수십 명이 볼 인쇄물도 필요하였다. 교장은 프린트기가 고장이 났으니 인근 학교에 신세를 지라고 했다. 옆 학교로 달려가 프린트를 부탁하고 사례금도 주고 왔다. 쌍둥이 엄마가 던져 놓고 간 3만 원이 아주 유용하게 쓰였다.

○○○원 - 수고한 4학년 선생님들 비빔밥 한 그릇씩
○○○원 - 인근 학교 프린트비
○○○원 - 구청 발표 날 연구 주임과 쌍둥이들 택시비와 식사비

쌍둥이 엄마가 주고 가지 않았으면 내 돈이 들어갔을 것이다. 구청 대표로 뽑혔으면 학교 예산에서 해야 하는 것이라고 생각했다. 모든 준비가 끝났다. 교장의 호출이 있었다.
"김 선생님, 발표 준비 다 되었나요?"
"네."
"아이들 데리고 와서 교장실에서 연습하세요."
쌍둥이와 나는 차트를 들고 교장실로 갔다. 교장은 쌍둥이들에게 지시봉을 들어 설명해 보라고 했다. 날 옆에 세워 놓고 자기가 지도하고 있었다. 쌍둥이들은 어눌하고 목소리가 작아 잘하지 못했다. 나와 쌍둥이는 매일 교장실에서 연습을 해야 했다.

드디어 서울시 대회 날이 왔다. 과학관에 구청 대표들이 모였다. 서울시 교육감 장학관과 장학사, 각 구청 대표로 뽑힌 학교장, 학부모, 지도 교사, 발표할 아이들로 북적였다. 구청 대표가 차례대로 발표하

였다. 발표하는 대표들은 똑 부러지게 잘하는 아이들이며 다 고학년이었다. 우리가 제일 어린 4학년이었으며 쌍둥이들은 나이에 비해 어리고 작았다. 무사히 발표를 마쳤지만 당연히 서울시 대상엔 들어가지 못했다.

발표가 끝나고 교육감은 각 구청 대상 수상자들과 교장, 지도 교사, 학부모를 위한 티파티를 열어 주었다. 쌍둥이 엄마는 매우 흥분하며 얼굴에 웃음이 가득했다. 내 앞에서 던지고 간 3만 원, 전시용 켄트지에 줄일 수 없다고 자료를 놓고 간 무례한 일은 다 잊어버렸다. 티파티가 끝나자 교육감이 만든 포토 존으로 갔다. 양쪽에 꽃순이 꽃돌이를 대동하고 거만하게 앉아 있었다. 차례가 되어 사진을 찍었다.

모든 행사가 끝나자 우린 과학관 경내를 돌았다. 쌍둥이 엄마는 쌍둥이들과 오랜만에 나온 나들이를 즐기고 있었다. 사랑스러운 쌍둥이들의 모습을 사진기에 담느라 바빴다. 늘 피곤한 난 그들의 가족 행사가 끝나기만을 기다렸다.

"사진 한 장 보내 주세요."

"네에, 그럼요. 드려야지요."

할 말이 없어 가볍게 한 말이었다. 그 후, ○○일보 어린이신문 기자가 왔다. 쌍둥이들의 이야기를 취재해서 특집 기사로 쓰려던 것이다. 사실대로 말했다. 엄마가 도와준 방학 숙제다. 선생님들이 총동원하여 준비했다. 그리고 쌍둥이들 학교생활을 있는 그대로 말했다. 기자는 영재 쌍둥이라고 특별한 것이 있었다고 생각한 모양이다. 특이한 것이 없는 걸 안 기자는 자기 맘대로 자기 상식대로 기사화해서 내보냈다. 매스컴은 믿을 것이 못 되며 기자는 훌륭한 스토리텔러였다.

2월, 학년이 끝나 갈 무렵이었다.
"쌍둥아, 과학관에서 찍은 사진 나왔느냐고 엄마에게 물어보아라."
"네에."
내일이면 학기가 끝나는 날이다. 쌍둥이들은 보따리 하나씩을 들고 왔다.
"이건 선생님 드리고요, 이건 교장 선생님 거예요."
내게 준 보따리를 풀었다. 신문지에 싼 큰 액자가 나왔다. 액자 속에는 청렴해 보이는 교육감을 중심으로 고상한 여교장과 함박웃음을 띤 교수 엄마, 무심한 표정의 쌍둥이들 그리고 피곤해 보이는 담임이 있었다. 이렇게 큰 액자를 원한 건 아니었다. 자기 집에나 걸어 놓을 액자 사진을 내게 보내다니 카메라 사진 한 장이면 될 것을…. 교장에게 줄 선물을 들고 쌍둥이들과 교장실로 갔다.
"교장 선생님, 쌍둥이 엄마가 보낸 선물입니다."
"네네."
교장이 보따리를 풀었다. 내게 보낸 똑같은 액자와 선물용 꿀단지가 들어 있었다.

후에 청렴해 보이는 학자연하던 교육감은 공금 횡령으로 매스컴을 떠들썩하게 하더니 옥살이를 했다. 여교장은 학부모 기부 강요 사건으로 좌천당했다. 누군가의 고발이 있었다고 한다. 그러나 강남의 더 좋은 학교로 갔다. 어느 날 TV에 한복을 곱게 입은 여교장이 보였다. 대통령상을 받은 학교라고 소개되었다.

주먹(87)

　새 학교로 이동하면 주로 4학년을 맡게 되는 것이 나의 경우였다. 이 작은 학교는 한 학년이 6학급에 재적은 60명이었다. 그런데 4학년만 5학급에 재적이 65명이었다. 설상가상으로 4학년 교사 중에 수술 환자가 생겨서 두 달 동안 담임이 가르칠 수 없었다. 교장은 강사를 쓰지 않고 그 반을 분반시키라고 했다. 다섯 반이 네 반으로 줄게 되었다. 분반된 아동들은 자기 책걸상을 들고 배당 반으로 나뉘어 흩어져야 했다.
　책상은 예전보다 커져서 5분단으로 만들 수가 없었다. 80여 명에 가까운 아이들은 칠판 앞 급식대에 있는 자리만 빼고 교실 끝까지 다 차 버렸다. 분반되어 온 아이들은 담임이 올 때까지 두 달을 남의 반에서 더부살이 공부를 해야 했다. 예전엔 작은 책걸상으로 90명 넘게 수용했던 때도 있었으나 재적 60명 시대에도 80명을 지도하게 될 줄 몰랐다.
　이 학교는 급식 시범 학교로, 아직 급식이 일반화되기 전이었다. 급식 시간이면 80여 명의 배식 시간도 타 학년보다 길었다. 20명이 더 많으니 점심 후 5교시 전 휴식 시간도 가질 수가 없었다. 아이들의 소음도 컸다. 스피커에서는 4학년의 소음을 자제하라는 방송이 나왔다. 교감은 수시로 스피커를 통해 방송했다.

"아, 아, 4학년이 많이 소란하니 조용히 하세요!"

교감은 몸이 아파서 순시도 못 하고 앉아만 있으니 교실의 상황을 알 리가 없었다. 교장은 수시로 순시하면서 빽빽한 교실 환경에는 관심도 갖지 않았다. 80명의 아이들은 우리 반이나 타 반에서 온 아이들이나 다 복잡하고 힘들어했다. 타 반에서 온 비만 아동 뚱이가 있었다. 지금은 비만 아동이 한 교실에 서너 명씩 되지만 그땐 전교에서 한두 명 있을까 말까 했었다. 남의 반에서 더부살이를 하면서도 왕 노릇을 하였다. 굴러온 돌이 박힌 돌을 빼낸다고 교실 분위기를 휘어잡았다. 날마다 이 녀석 저 녀석 항의가 끊이지 않았다.

"선생님, 뚱이가 때려요."

"선생님, 뚱이가 집에 갈 때 발로 찼어요."

"선생님, 뚱이가 제 공책 찢었어요."

"선생님, 뚱이가 괴롭혀요."

"선생님, 뚱이가 돌을 던져서 머리에 맞았어요."

"선생님, 뚱이가 제 가방을 하수구에 빠뜨렸어요."

"선생님, 뚱이가 제 신발주머니 나무에 던졌어요."

"선생님, 뚱이가…."

"뚱이가…."

빗발치는 고발에 머리가 지끈지끈하였다. 뚱이를 불렀다. 뚱이에게 피해를 본 아이들을 자진해서 일어나게 했다. 남녀 합하여 30여 명에 가까운 아이들이 일어났다. 뚱이에게 확인시키고 반성문을 쓰게 했다. 반성문 아래 피해당한 아이들은 자필로 이름을 쓰고 마지막에 담임이 서명한 후 엄마의 확인을 받아 오라고 보냈다.

똥이 엄마는 학교의 대표이사이자 교장이 아끼는 학부모였다. 그녀는 서울의 대형 시장에서 의류 도매업을 하는 재력가라고 했다.

이튿날, 똥이 엄마는 반성문의 사실 확인도 하지 않고 그걸 들고 교장실로 갔다. 강사를 쓰지 않고 반을 분반하여 아들이 왕따를 당하고 피해를 본다고 항의했다. 그리고 강사를 불러 달라고 했다. 건의는 당연한 것이었다.

그러나 반성문은 돌아오지 않고 강사도 오지 않았다. 교장은 늘 어린 학부모에게 학교는 가난하다, 강사비가 없다, 학교에 필요한 물품도 자비를 써 가며 운영한다 말하고 있었다. 교실 부족으로 증축을 해야 하니 로비 자금이 필요하다고 우는 소리로 순진한 학부모들 마음을 아프게 했다. 똥이의 사건은 흐지부지 반성문 확인 없이 넘어갔다. 그리고 여전히 강사 없이 80여 명과 소란한 교실에서 두 달이나 견디어야 했다.

맥 빠지고 피곤한 오후, 수업하며 창밖을 내려다보면 오전 수업을 마친 아이들을 하교시키고 들어오는 저학년 교사들이 얼마나 부러웠던가. 같은 보수로 수업 시수가 다르다는 것은 확실히 불합리한 것이다. 그러니 교사들은 저학년을 맡기 위해 비법을 쓰고, 교장은 자신의 재량권으로 손에 들어오는 교사들을 감싸며 자기의 권력을 즐기고 있었다.

에디슨(BB)

새 학기가 되어 학년이 배치되었다. 고학년을 맡던 후배들이 모두 저학년으로 내려갔다. 고학년을 맡으면 다음 해에 저학년으로 이동하는 것이 나이 든 여교사들의 관례였다. 1, 2학년은 일주일에 24시간 3, 4학년은 28시간 5, 6학년은 32시간이었다.

기혼 여교사들은 저학년을 선호하였다. 주당 시간 수가 적고, 교과과정이 비교적 쉬웠으며, 어린아이들은 큰 말썽이 적기 때문이었다.

모두 저학년으로 내려갔는데 나만 5학년으로 올라갔다. 작년에 탐구 대상으로 학교와 교육구청의 명예를 높였다. 교장도 교육감과 함께 티파티에 참석하여 한껏 뽐내던 기억이 있다.

희망 학년 3지망에도 5학년을 쓰지 않았다. 5학년은 선호 학년이 아니다. 주당 32시간은 6학년과 같다. 5학년 산수는 어려워 가르치기 쉽지 않았다. 5학년을 잘 넘기면 6학년은 오히려 쉬웠다.

학년 배치는 교장의 고유 권한이지만 보이지 않은 룰이 있었다. 누가 봐도 나만 불공평한 배정을 받았다. 후배들은 매우 미안해하며 걱정하기도 했었다. 왜 걱정을 하는 건지 기분이 좋지 않았다. 자격증에 학년이 정해진 것이 아니니 내게 오는 아이들을 모두 환영한다는 나의 교육관이었다.

교장은 날 불러 능력 있는 교사라서 고학년에 배치했다고 변명을 늘어놓았다. 학년에 전혀 불만이 없다고 말했다. 학년을 내려가려면 영수증 없는 통행료(상납금)가 있어야 하는 걸 알고 있기 때문이었다. 돈을 좋아하는 고상한 여교장이었다.

역사적인 88올림픽이 우리나라에서 열린다고 나라에서 많은 준비를 하던 때이다. 해외여행은 자유화가 아니었다. 특별한 고위층이나 외교 관련 직업이나 돈 많은 이들의 전유물이었다. 그런데 올림픽을 계기로 우리도 공식적으로 외국인들이 한국을 방문하므로 우리의 교육에도 전환점이 있어야 한다고 생각했었다.

4, 5학년을 연이어하게 되니 같이 올라온 녀석들도 있었고, 교과과정이 연결되어 수업이 재미있었다. 5학년 학과의 어렵고 지루함을 보완하기 위해서 예체능 과목 시간을 다른 시간에 뺏기지 않고 법정 시간대로 지켰다. 말귀를 알아듣는 학년이라 교과 수업 중 예체능은 공부가 아니라는 생각을 바로잡는 것에 목적을 두었다.

미술 과목의 서예 진도였다. 서예에 자신이 없었으나 지도서대로 하면 되었다. 연습 과정을 주요시했다. 서예지 8장을 처음부터 쓰게 하였다. 제일 잘된 것을 맨 위에 놓고 묶어서 제출하도록 했다. 첫 번째 망친 것도 버리지 않아야 하므로 조용히 열심히 하였다

미술 시간 그리기나 만들기는 2주의 시간을 가졌다. 첫 시간에 이론 익히기와 연습을 하여 다음 시간에 완성하게 하였다. 기법이나 생각에 자유를 주므로 매우 바빴다. 자유분방한 녀석들의 작품이 모범적인 성적 우수아보다 창의적이었다.

음악은 고학년이 되면 동요나 전래동요에 흥미를 잃어 참여율이 낮았다. 반드시 분단별로 곡을 익혀서 그날 수업한 곡을 경쟁시켰다. 칠판에 점수표를 그려 놓고 체크를 하였다. 참여율이 낮아 입을 벌리지 않은 사람은 조에 벌점을 줬다. 태도 점수까지 매겨 제일 잘한 조에게 보상을 주었다. 경쟁과 보상으로 아이들의 관심이 높아졌다.

체육 시간은 절대 놓치지 않았다. 비 오는 날은 교실에서 게임이라도 했다.

국어 연극 부분은 교과서 극본 전체를 부분별로 나누어 조별로 참여하였다. 연기에 자신이 없는 사람은 스태프나 배경을 하면 된다. 연습은 조별로 서로의 집을 제공하여 연습하였다. 이 기회로 한 집에 모여 연습한 경험을 통해서 아이들의 인성과 성격, 태도를 알게 되기도 하였다.

이 극본은 조별 대회로 마무리를 지었다. 발표 후에 주연상, 조연상, 의상상, 인기상은 투표로 결정했다. 주연상은 종이 왕관도 씌워 주었다. 참여자도 관람자도 모두 재미있어하고 흥분하였다.

자연과학 단원이었다. 우주 단원에서 달을 관찰하는 소단원이 나왔다. 밤하늘 달의 변화를 관찰하기였다. 이 단원도 실제로 집에서 조별끼리 해 오기로 했다. 그때의 집의 구조는 슬래브 지붕 집이 많았고 또 마당 있는 주택들이 있었기에 가능한 일이었다. 할 수 있는 팀만 하기로 했다. 잘되는 조는 한 집에 모여 즐겁게 관찰하였다. 시간별로 잠을 자고 달의 움직임을 관찰할 수 있었다. 이렇게 하여 5학년들의 매우 즐거운 추억을 만들어 보았다.

이러한 수업 방법에 학부모의 불만이나 항의는 없었다.

날마다 새로운 학습으로 조금은 들뜬 우리 반에 소크라테스 같은 혁이가 있었다. 아버지는 역사학자로 박사이시며 대학교수였다. 혁이의 꿈은 오로지 아버지처럼 역사학자가 되는 것이었다. 아버지에 대한 자부심이 크며 아빠를 존경하고 닮기를 원했다. 혁이는 책을 좋아해서 늘 책을 손에 들고 있었다. 예체능 수업에 열의가 없었으며 집중하지 못했다.
　서예 시간의 연습 종이는 못 쓴 글씨가 아니라 낙서였다. 성의 없이 빗자루로 쓸어 놓은 것 같은 반항의 표시였다. 미술 시간도 지루한 얼굴을 한 채 왼손으로 그리듯 표시만 해 놓았고, 음악 시간엔 입을 벌리지 않았다. 그래서 입을 벌리지 않는 조는 벌점을 주기로 한 거였다.
　혁이가 특히 싫어하는 시간은 체육과 연극 시간이었다. 친구들과 어울려 뛰기 싫어했고 몰려다니며 연극 연습하기는 더더욱 싫어했다. 친구 집에 가는 거나 자기 집에 누가 오는 것도 거부했다. 혁이는 오로지 책만 좋아했다. 그러니 열심히 가르쳐도 받아들이길 거부하면 교육의 효과가 반감되는 것이었다.

　어느 날, 혁이 엄마가 상담하러 학교에 왔다. 혁이가 학교 가기를 싫어한다고 했다. 학교에서 하는 예체능 수업에 흥미가 없고 자기와 학교생활이 맞지 않아 우울해한다고 했다.
　그 애의 수업 참여에 부정적인 태도를 알고 있었다. 초등학교는 지식교육보다 기초교육의 기본을 다루어 주는 것이다.
　혁이 엄마는 내게 매우 섭섭해했다. 작년 담임은 그러지 않았다고 하였다. 잘하는 걸 인정하고 존중했다고 하였다. 그녀의 말에 나도 섭섭했다. 그가 예체능에 흥미가 없다고 나무라지 않았다. 서예 시간에 낙서처럼 갈겨 놓으면 담임의 지도를 무시당한다는 느낌을 받았지만, 그저 평가만 했다. 혁이는 늘 지필평가에서 최고의 평가만 받다가 예체능에서 낮은 평가를 받으니 실망하고 재미가 없었던 거였다.

혁이 엄마는 수재형 자기 아들의 행복을 깬 담임에게 불만을 한껏 쏟아 놓았다. 그렇다고 나의 수업 방식을 바꿀 수 없었다. 예체능을 저학년처럼 담임 재량으로 '국, 산, 사, 자' 과목 시험 점수대로 대충 평가하면 이런 일이 없었을 것이다.

혁이에게 미안한 마음이 가시지 않았다. 교사와 제자도 서로 궁합이 있는 걸까. 미안하지만 내가 도울 수 있는 건 없었다. 자리에 조용히 앉아 어두운 얼굴로 있다가 가는 학교생활이 혁이에게 어떤 추억으로 남아 있을까? 아니면 뇌리에서 지워 버렸을지 모르겠다. 에디슨처럼 담임이 못마땅하여 홈스쿨링으로 발명왕을 만든 엄마도 있지 않은가.

학교는 평범한 아이들에게 필요한 교육이다. 특별한 아이들은 학교가 맞지 않을 수 있다. 혁이는 끝까지 학교를 잘 다녔을까. 아버지를 따라 박사가 되고 교수가 되었는지 참으로 궁금하다. 88올림픽 이후 우리의 삶은 급속도로 변하여 글로벌 시대로 바뀌고 있기에 교육도 조선시대 서당 같은 교육에서 벗어나야 한다. 세상은 넓고 할 일도 많다. 교육 과정에 맞게 배우고 알아야 할 시기에 아들에게 맞춤 교육을 원하는 건 시대착오적인 생각이다.

교재원(田田)

4학년 다음 5학년을 연임하였다. 학교는 빈터를 교재원으로 만들었다. 고학년 학급마다 분양을 했다. 교장은 교재원의 작물도 교사평가에 들어간다고 강조했었다. 교장은 평가지를 들고 다니며 수시로 수업하는 교사들을 체크하고 다녔다. 그녀의 별명은 갈매기였다. 체크리스트에 체크하며 다녀서 생긴 별명이다.

이른 아침, 출근하자마자 교재원 당번이 헐레벌떡 뛰어 들어오면서 외쳤다.

"선생님, 배추가 몽땅 없어졌어요!"

"배추가 왜 없어져. 말이 되나?"

교재원으로 달려갔다. 아이들도 줄줄이 내 뒤를 따라오고 있었다. 배추밭은 텅 비어 있었다. 봄에 배추와 당근을 파종하였는데 배추만 몽땅 없어졌다.

'누구 짓일까? 배추 도둑인가? 동네 할머니들이…?'

별별 생각이 머리를 스쳤다. 서무실로 달려갔다. 교재원 배추가 어떻게 되었냐고. 서무과장은 아무 말도 안 했다. 아저씨들이 그랬다면 서무실에서 알고 있을 것이다. 교감에게 물어도 말이 없었다. 이리저리 돌아다니며 우리 교재원 배추가 없어졌다고 말했으나 누구도 관심 없이 들은 척도 안 했다. 분명 동네 사람의 소행이 틀림없었다.

수업이 끝나고 교장실에서 회의가 있으니 참석하라는 통보가 왔다. 무슨 회의? 교장실로 들어갔다. 교장, 서무, 영양사와 나는 서로 마주 보고 앉았다. 회의가 시작되었다. 침묵의 시간이 흘렀다. 이상한 회의였다. 이 회의의 주제는 뽑아 버린 배추였는데 누가 뽑았는지 왜 뽑았는지 아무도 말이 없었다. 잠시 후, 영양사가 시무룩한 표정으로 말했다.

"그 배추는 뻣뻣해서 맛도 없어요. 김치 담그기에 적당치 않았어요."

얄팍한 웃음을 띠며 서무가 말했다.

"그거 시중 가격으로 하면 700원어치밖에 안 돼요."

본질이 빗나간 의도와 너무도 동떨어진 회의에 입이 떨어지지 않았다. 배추를 누구의 명령으로 뽑았으며 농사지은 우리 반에게 왜 말을 하지 않았는지를 분명히 말했어야 했는데 난 바보였다.

서론도 본론도 결론도 없이 그냥 그렇게 회의가 끝났다. 배추 회의는 교장이 본인을 배후로 의심될 것을 우려했던 것일까. 그땐 아무 생각이 없었고 이상하고 답답했지만, 이제 나이가 들어 생각해 보니 그게 맞는 것 같았다. 자신의 책임을 회피하려고 영양사와 서무에게 변명을 하게 한 것인가? 다음 날 서무와 출근길에 현관에서 만났다. 그는 날 보자마자 빙긋 웃었다.

"선생들은 학부모한테 돈 받지 않습니까?"

이 황당한 질문에 미처 대답하기 전 그는 서무실로 들어갔다. 도대체 알 수 없는 이 시스템을 어떻게 이해해야 하나. 학기 초에 그렇게 강조하던 교재원 농산물도 교사평가에 들어간다고 하던 말은 뭐였나. 배추가 싱싱해 보이니 교장이 영양사에게 급식에 쓰라고 명령했다는 생각을 나중에 했다. 배추 사건 이후 교장은 학교 수확물을 나누어 주기 시작했다.

가을이면 학교 감나무에서 열린 감이 각 반으로 두 개씩, 대추가 열댓 개씩 배당되었다. 학교는 처음부터 끝까지 교육적이어야 한다. 배추 도난 사건은 그 실체가 교장이었는데, 자신의 비리가 많아 겁을 먹었나? 본질을 이해할 수 없었나?

그 학교를 떠나고 세 학교를 거쳐 다시 이 학교로 왔을 땐 교재원과 연못은 간곳없고 그 자리에 학교 건물이 들어서 있었다.

시간이 지났건만 1988년에 있었던 배추의 사건은 아직도 뇌리에 생생한데, 우리 아이들은 기억이나 하고 있을까? 아침마다 신나게 물조리개를 들고 뛰어가던 그 개구쟁이들은 얼마나 허망했을까? 사건의 전말을 모르는 아이들은 도둑을 잡지 못한 것으로 안다. 도둑은 등잔 밑에 있었다.

3부
부모의 욕심

[91~98]

1991년 6학년 행주산성 소풍

야당 당수(91)

일곱 번째로 학교를 이동하였다. 예전의 중산층 주택지였던 마을이다. 강남 바람이 불어 사람들이 강남으로 많이 이주하였다. 주택은 다세대로 변하고 인구는 늘어나 옛날의 그 분위기는 아닌 새로운 형태의 학교로 변하고 있었다. 네 번째 근무하던 대형 학교에서 연구 주임이었던 교사가 교감이 된 것을 알았다. 난 그의 연구를 도와 1년 동안 슬라이드 자료를 그려 준 일이 있었다. 젊은 여교사의 보조가 있었음을 기억하고 있을까. 아니다. 그는 모른 척했다.

10년 전 그 학교에 교대 동기 남교사 둘이 있었다. 서로 경쟁하며 주임이 되길 원했는데 한 사람만 승진되었다. 탈락된 동기는 섭섭하여 내게 비밀을 말해 주었다. 주임이 된 동기 교사는 100만 원을 상납했다고 하였다. 많은 이들이 승진하려고 편법을 쓰며 주위의 도움을 알게 모르게 받았다. 내게 1년 동안 그림을 부탁한 그도 승진을 위해 점수를 모으려 돈과 시간과 노력을 했을 것이다. 젊은 여교사의 도움쯤은 무시해도 되는 것이었다. 막(평)교사는 대우받지 못하고 근무해 왔다. 그래서 억울하면 출세하라는 말도 있지 않은가.

6학년을 맡게 되었는데 13반이나 되었다. 3월 초 개학하자마자 4층 복도에서 남자애들은 복도를 질주하고, 몸싸움하고, 소리를 지르는 등 아수라장을 만들고 있었다.

"야! 이놈들아, 몇 반 놈들이야! 일어나 한 줄로 서!"

쩍! 쩍! 쩍! 쩍!

6학년 주임 귀싸발 선생님은 두꺼비같이 두꺼운 손바닥으로 불똥이 튀도록 녀석들의 뺨을 때렸다. 벌게진 볼에 열이 났을 녀석들은 고개를 숙이고 있었다. 이 일로 4층 복도는 질서가 잡혔다. 귀싸발 선생님이란 남자애들 뺨을 때려서 생긴 별명이었다.

귀싸발 선생님은 반백의 머리에 기골이 장대하였다. 정년을 앞두고 계시지만 씩씩하고 당당하여 바른말을 하시므로 교장도 꼼짝 못 하는 학교의 야당 괴수이셨다.

자유당 시절 민주당을 지지한다는 이유로 강원도로 좌천이 되셨다고 했다. 그 시절 지방에선 선거 때 세 명씩 짝을 지어 투표소로 들어가 서로 감시했다는 이야기를 들려주셨다. 어처구니없는 무지한 사람들을 부정 선거로 집권하던 때에도 굴하지 않았던 전설의 선생님이셨다. 귀싸발 선생님 반은 늘 조용하고 공부에 전념하여 자기 주도적 학습을 하였다. 선생님은 칠판 앞에 부처처럼 앉아 계셨다. 귀싸발 반은 월말고사에 성적이 늘 우수하였다. 침 튀기며 가르치는 나의 학습 방법으론 따라갈 수 없는 카리스마 넘치는 선생님이셨다.

우리 교실에도 야당 괴수가 있었다. 왜소한 소년 욱이다. 욱이의 아버지는 문방구를 하셨다. 욱이 아빠는 문방구에서 파는 문제집을 다 풀게 했다. 그 애는 표정이 어둡고 힘들어했다. 아는 것이 많고 성적은 우수했다. 특히 아버지의 영향인지 사회와 정치에 불만이 많아 아이들 같지 않았다. 월말고사에 일등을 하여 자리의 선택권을 주어도 늘 맨 뒤로 가서 앉았다. 작은 체구에 무거운 가방을 들고 뒤로 가는 그 모습을 바라보며 가까이하고 싶은 담임의 마음을 몰라 섭섭했다.

수업 중 발표 시간이 욱이의 활동 무대였다. 질문 시간이면 한 사람씩 돌아가며 답을 하다가 결국 욱이의 발표로 끝을 맺었다.

환경 보호에 우리가 할 일은? 문화유산을 보호해야 하는 우리의 태도는? 어떤 질문이라도 결론은 공무원들을 비난하고 정부와 기관에 잘못을 들추고 있었다. 다른 아이들은 상상 못 할 수준 높은 대답이었다. 학급의 아이들은 그를 존경하고 따르고 있는 듯 보였다.

"다른 사람 없어? 그래, 야당 당수님 발표해 보아라."

그를 야당의 당수라고 부르고 있었다. 내게 눈길도 주지 않고 정치적인 불만의 잡다한 지식을 나열하였다. 암튼 그 애는 반 아이들의 신뢰를 얻어 전무후무하게 1학기 부반장, 2학기 반장이 되었다. 원래 1학기 임원은 2학기에 뽑지 않는데 욱이는 절대다수로 당선되었다.

가을 소풍 철이 왔다. 교장은 5, 6학년에게 수련회 또는 수학여행을 추천하였다. 이 계획은 다 아는 비밀인데 업자들은 아이들 한 명당 얼마씩의 커미션을 교장에게 지불하였다. 나는 40년 경력에 내가 있는 학년은 수련회나 수학여행을 한 번도 간 적이 없었다. 내가 있으면 비밀이 폭로되는 걸 염려한 것이었을까. 귀싸발 선생님은 교장실에 들어가셔서 수학여행을 가라는 교장의 말에 반박하여 큰 소리로 한바탕 싸우고 나오셨다.

결국 6학년 마지막 소풍지는 민속촌으로 정했다. 관광버스를 타고 갔었다. 민속촌 곳곳을 돌며 관람하고 점심시간이 되었다. 6학년이라 한곳에 모여 앉게 한 후 삼삼오오 짝을 지어 점심을 먹게 하였다. 13반 담임들이 둘러앉았다. 각 반 반장 엄마가 보내온 정성스러운 점심으로 푸짐한 뷔페가 되었다. 그때는 반장이 학교 행사에 담임 도시락을 책임졌었다. 우리 반은 도시락이 없었다. 반장인 야당 당수가 준비 못 했지만 이상하지 않았다. 늘 기득권에 대한 불만으로 꽉 찬 늙은 아이의 사고는 결국 부모에게서 나온 것이니까 그러려니 했다. 이런 일은 내게 처음 있는 일이 아니다. 다른 반 도시락을 같이 먹고 내 배는 충분히 채워졌다.

돌아오는 버스 안에서 욱이가 다가왔다. 그 애는 엄마가 준비한 은박지 도시락을 내놓았다. 은박지는 찌그러져 하얀 쌀밥이 삐져나왔다. 도시락 줄 시간을 놓쳤던 건지, 내게 가까이 와서 주기가 민망했던 건지 그 애의 생각은 알 수 없었다.

"선생님, 이거 엄마가 드리래요."

"이 녀석아, 왜 지금 줘. 다른 반 거 얻어먹었잖아."

수업 중에 발표는 그리 잘하면서 내게 가까이 오길 싫어하는 걸까. 권위적이지도 않고 편애하지도 않는다고 생각했는데 그 아이의 생각을 알고 싶었다. 전달 못 한 도시락을 도로 가져간 욱이는 어떻게 기억할까.

졸업을 앞둔 시간들, 모든 진도를 끝내고 날짜 가기만 기다리던 때였다. 우린 날마다 새로운 대회를 했다. 신체 부위, 즉 눈 크기, 코, 입, 머리둘레, 몸무게 등등이다. 남자애들은 즐겁게 참여하지만 여자애들은 그리 좋아하지 않았다. 참가자는 자유니까 그냥 즐기면 되었다. 작은 상품도 있었다.

놀이의 대회도 있었다. 분단별로 공기놀이, 윷놀이, 오뎅국 끓이기, 떡볶이 만들기다. 좁은 교실에서 책상을 옮겨 조를 만들고, 조마다 불판을 준비하고, 오뎅국을 끓이고, 떡볶이를 만들었다. 교실은 난리 난 것처럼 시끄럽고 아수라장이 되었다. 그러나 그들은 즐거웠고 흥미진진하였다. 이곳저곳 다니며 맛을 봐 주다 보면 내 입은 짠 기로 가득했다.

욱이가 가장 좋아하던 대회는 글라이더 날리기였다. 자신이 만든 글라이더를 가지고 운동장 단상 위로 올라가 휘슬을 불 때 하늘 위로 던진다. 욱이는 19초로 2등을 하였다. 월말고사에 1등을 해도 표정에 변화가 없었던 욱이의 좋아하는 모습은 처음 본 것 같았다.

야당 당수 욱이는 졸업식에 최고의 점수로 대표상을 받았다. 그러나 식이 끝나고 바로 사라져 마지막 이별의 말도 하지 못했다.

얼마 후 배정된 중학교 배치고사에서 1등을 했다는 소문이 들렸다. 널 사랑하는 담임에게 가까이 오지 못했던 욱아, 잘 지내니?

계주대회(91)

학교는 1년에 두 번 봄, 가을로 학년 계주대회를 열었다. 6학년은 13반이라 한 반은 부전승으로 올라가고, 두 팀으로 예선을 거쳐 결승에 올랐다. 봄 대회는 5월 어린이날을 기념으로 했다. 그러나 우리 반은 예선 꼴찌로 결승엔 문턱에도 가지 못했다.

형이가 전학을 왔다. 형이네는 강남 아파트에서 살다가 대출금이 많아서 강북으로 이사를 왔다고 하였다. 형이네 가족은 신심이 두터워 강남에 있는 먼 교회로 출석하고 있었다. 티코 차를 타고 온 가족이 교회에 갔는데 형이는 티코를 부끄러워했다. 아빠는 검소하고 근검절약하는 모범 가장이었다. 일기장엔 가정의 화목함과 검소함, 깊은 신앙심의 부모들이 보였다.

형이는 다른 아이들보다 키가 크고 잘생기고 공부를 잘했다. 다재다능하며 특히 달리기를 잘했다. 성격은 조용하고 태도는 겸손하였다. 장기 자랑 시간에 클래식 기타를 들고 와서 딩딩 동동 치니 교실 분위기가 달라져 인기가 더 올라갔다. 그 애의 특별함은 6학년 교사들에게도 소문이 퍼졌다. 누군가 사위 삼고 싶다고 했더니 나도 나도 하여 모두 깔깔대었다. 아이들 눈에도 어른 눈에도 바람직한 소년이었다.

6학년은 중학교에 대비한다고 성적에 주력을 다했다. 월말고사가 끝난 후 성적순대로 자리를 선택하게 했다. 성적이 우수한 형이는 키가 커도 앞자리에 앉고 싶어 했다.

다음에 울산에서 강이가 전학을 왔다. 그곳에서 축구 선수로 뛰었다더니 달리기를 잘했다. 강이는 아버지의 직장을 따라 서울로 왔다. 6학년 달리기 꼴찌 반에 체육 인재 두 명이 전학을 왔다는 건 신의 한 수였다. 형이와 강이가 있어 가을 계주대회에 희망이 보였다.

드디어 10월, 6학년 계주대회 날이 정해졌다. 3, 4교시에 있을 것이다. 우리 반은 1학기의 굴욕을 만회하기 위해 선수들을 재정비하였다. 물론 형이와 강이가 들어가니 천군만마를 얻은 듯했다.

"얘들아, 이번 계주대회에 우리 반이 우승하면 내가 아이스크림을 사겠다."

"정말이에요, 선생님?"

"그럼, 선생님이 꼭 약속 지키지. 우리 반도 우승 좀 해 보자. 소프트아이스크림 사 줄게."

"와와! 짝짝짝."

아이스크림은 언제나 아이들을 유혹한다. 60여 명이 교실에서 아이스크림을 먹을 것을 생각하면 기대가 클 것이다. 계주 선수들은 작전을 잘 짜야 했다. 형이가 스타트를 맡고 강이는 마지막 주자가 되었다. 4명의 선수들은 수업 전 일찍 학교에 와서 연습을 하였다. 드디어 우리 반은 예선을 거쳐 결선에 도달했다. 모두 긴장하고 흥분된 상태였다.

결전의 날, 3교시에 운동장에 모인 6학년들에게 가을의 기분 좋은 햇살이 비추었다. 준비 체조를 하고 각 반대로 줄을 서서 8명씩 짝을 지어 100미터 달리기를 했다. 달리기가 끝난 후엔 계주의 결승이 있을 것이다. 체육대회의 하이라이트 계주가 시작되었다.

휘슬이 울리고 1번 주자 형이가 달려 나갔다. 형이의 긴 다리는 선두로 달리고 배턴을 넘겼다. 두 번째 주자, 세 번째 주자 모두 앞서가고 있었다. 마지막 주자 강이 차례다.

"강이야, 너만 잘 뛰면 아이스크림이다. 힘내!"

형이는 강이를 쫓아가며 소리를 질렀다. 강이는 씨이익 웃으며 달렸다. 강이는 뒤와 많은 차이를 두고 힘차게 뛰었다. 아이들은 흥분하여 응원하였다.

"6반 이겨라! 6반 이겨라. 우리 반 이겨라!"

드디어 강이가 당당하게 1등으로 들어와 테이프를 끊었다.

"와~ 와~"

우리 반은 모두 자리에서 일어나 두 손을 들고 펄쩍펄쩍 뛰었다. 나도 아이들과 함께 껑충껑충 뛰며 소리를 질렀다. 보물 같은 두 녀석이 전학 와서 우리 반이 1등이라니, 감사하였다.

발 빠른 녀석들이 심부름을 갔다. 근처 슈퍼에 두 곳을 돌아 60여 개의 소프트아이스크림을 사 왔다. 교실로 들어온 아이들은 흥분을 가라앉히고 기다리고 있었다. 아이스크림이 현실이 된 교실 풍경은 달콤함과 기쁨의 환희로 가득하였다. 입으로 녹아 들어가는 아이스크림으로 모두 행복한 순간이었다.

형이의 인기는 더 높아졌다. 4층 복도 우리 반 앞에 형이를 보려는 여자애들이 기웃거렸다. 기타를 친다는 소문도 난 후 인기는 더 올라간 것 같았다. 어느 날 통통한 소녀가 교실 앞문을 열고 들어왔다. 그녀는 내 앞에 서서 자신을 소개했다.

"선생님 전 ○반 ○○○입니다. 말씀드릴 게 있어요."

"그래? 뭔데. 말해 봐."

"선생님께 부탁드려요. 저 형이와 사귀고 싶어요."

"뭐?"

"선생님, 허락해 주세요."

13살 소녀의 당돌하고 용감한 프러포즈에 당황했다. 갑자기 나는 형이 엄마의 눈으로 보듯 기분이 좋지 않았다. 내 표정은 화난 표정으로 냉정하게 허락할 수 없다고 딱 잘라 말했다. 그녀는 준비한 선물을 형이에게 전해 달라며 쓸쓸히 고개를 숙이고 나갔다. 교실로 들어올 때와 다르게 실망과 민망함을 안고 갔다.

그녀를 보내고 이상한 기분이 들었다. 형이는 맨 앞자리에 앉아 있어 그녀와의 대화를 다 듣고 있었다. 다음 날 형이의 일기 내용이다.

'난 그 여자애를 좋아하지 않는다. 그러나 선생님은 너무도 매정하게 그녀를 대하셨다. 그 애의 마음이 많이 상했을 것 같다.'

형이의 일기는 날 부끄럽게 했다. 좀 더 어른스럽게 다정하고 부드럽게 달래서 보낼 걸 그랬다. 갑작스러운 그녀의 돌출 행동에 어른스럽지 못한 태도로 소녀를 섭섭하게 한 것은 확실하였다. 형이도 그 소녀도 모두 상처를 입은 듯하였다.

형이야, 미안하구나. 널 많이 아끼는 엄마의 심정이 된 것 같았다. 넌 이 추억을 기억하고 있니? 지금 이 소녀와 소년은 뭘 하며 살고 있을까.

커닝(91)

철이는 학교 앞 다세대 주택 지하에 살고 있었다. 큰 형 둘은 군대에 있고 아빠랑 철이 두 식구였다. 6학년이지만 학업 수준이 너무 낮아 우리 반 꼴찌였다. 그러나 시험 결과는 늘 중하위였는데 그건 철이의 커닝 실력 때문이었다. 시험이 시작되면 모두 가림판을 세웠다. 모두 시험지를 주시할 때 철이는 고개를 들고 가림판 너머로 180도 고개를 돌렸다. 철이에게 가림판은 장애가 되지 않았다. 보이는 대로 답을 옮겨 썼다. 그래서 점수는 꼴찌가 아니었다.

그날 시험 분위기는 유난히 어수선하였다. 고개를 이리저리 돌리는 녀석들, 시험지를 자꾸 뒤집는 녀석들이 눈에 띄었다. 드디어 한 녀석을 잡았다. 그리고 줄줄이 끌려 나왔다. 집단으로 커닝하고 있었다. 순진한 녀석들은 모두 자백하였다. 예쁜 여자아이 하나의 지시대로 사전에 조직적으로 모의를 하였다. 예쁜 하나는 수학 빼고 다 잘했다. 남자애들은 수시로 쪽지 시험을 볼 때 늘 수리력이 높았다. 그걸 이용해서 개구쟁이 남자아이들과 모의를 한 것이었다. 깜찍한 하나의 지시대로 모두 따르기로 했다고 자백했다. 커닝에 가담한 녀석들은 모두 반성문을 쓰고 들어갔다.

모두가 자백했는데도 주동자 하나는 부인하고 서 있었다. 중산층 가정의 집에서 예쁘고 사랑스럽게 자라는 딸이었다. 하나의 아빠는 신심이 두터운 신앙인이라 특별 새벽기도에 온 가족을 동원하기도 하였다. 끈질긴 설득에 자백을 받고 반성문을 쓰게 했다. 일기장에 반성문을 쓰고 아빠의 사인을 받아 오는 게 숙제였다. 아빠에게 알려지면 무서운 벌이 내려질지도 모르니 가정 교육에 맡기기로 하였다.

그러나 다음 날 하나는 일기장 반성문을 찢어 버리고 왔다. 부모와 면담하고 싶었지만 그대로 넘겼다. 나도 일을 크게 만들고 싶지 않았다. 아이들은 누구나 이중생활을 한다. 부모만 모를 뿐이다. 하나가 이 기회를 통해 같은 일을 반복할지 절대 안 할지는 미지수다. 부모들은 학교에서 일어나는 많은 경우의 변수를 인정하지 않고 자신의 아이에 대한 과신으로 가득 차 있다. 딸의 앞날은 부모들에게 책임이 있으니 난 학교에서의 일을 학교에서 끝내기로 한 것이었다. 1년이면 끝나는 담임과의 인연으로 오해나 불쾌한 기억을 남기지 않으려 했다. 담임들은 학부모에게 알리지 않는 무수한 일들을 그냥 넘기고 있었다. 아이들의 시행착오로 자기들 스스로 변하기를 바라는 마음이기도 했다. 하나도 다시는 그런 일을 계획하지는 않기를 바랄 뿐이었다.

어느 날 아침 출석을 확인하는데 철이가 보이지 않았다.
"철이 안 왔구나. 철이 불러와야지."
말이 떨어지자 서너 명이 달려 나갔다. 철이는 학교 앞 다세대 지하방에서 늦잠을 자다 친구들의 부르는 소리에 깨어 끌려왔다. 세수도 하지 않은 채 눈곱도 떼지 못하고 어제 던져 놓은 가방만 가지고 왔다. 어젯밤 아빠가 외박한 것으로 보였다.

학교 수업이 끝나면 철이는 운동장에서 해가 질 때까지 뛰어놀다 어두워져야 집으로 갔다. 지하 빈방에 철이 혼자 찬밥 한 덩이 먹고 아빠를 기다리며 TV에 애국가가 나올 때까지 보다 잠들어 아침에 일어나지 못한 것이었다. 철이에 대해 모를 때였다. 도시락 멸치볶음 반찬이 맛있어 보였다.

"엄마 솜씨가 좋으시네. 맛있어 보인다."

"엄마 없어요. 아빠가 해 주신 거예요."

"그래? 아빠만 좋으면 되지 뭐."

"엄마는 다섯 명쯤 바뀌었어요."

철이는 묻지도 않은 말을 아무렇지도 않게 하였다. 공부는 꼴찌라도 씩씩하고 명랑하고 활기찼다. 수업 중에 조는 듯한 눈은 운동장에서 뛸 때 별처럼 빛났다. 철이는 우리 반 릴레이 대표 축구 선수였다. 해마다 지구별 축구대회가 있었다. 학교는 선수를 뽑고 연습에 열을 올렸다. 6학년 13반 중 우리 반에서 4명이나 뽑혔다. 연습이 끝나기를 기다렸다. 퇴근을 좀 늦추고 이들을 데리고 중국집으로 향했다.

"너희들 먹고 싶은 것 알고 있지. 짜장면."

"선생님, 탕수육도 먹고 싶어요."

"그래, 그럼 탕수육도 시키자."

철이의 입으로 빨려 들어가는 자장면, 날아 들어가는 탕수육, 땀 냄새, 발냄새. 웃음이 가득한 개구쟁이들은 행복하였다.

지구별 축구대회가 있었다. 우리 학교 축구부는 잘해서 결승까지 올라갔다. 그런데 철이는 후보 선수였다. 결승전이 있던 날 인근 학교로 갔다. 결승 상대 학교는 전국을 제패한 팀이었다. 힘들게 싸웠지만 우린 졌다. 후보였던 철이는 한 번도 뛰어 보지 못하고 끝났다. 늦가을 날씨가 차서 뛰지 않는 사람은 추웠다. 철이는 얇은 옷을 입어 파랗게 질린 채 자기 차례가 오길 기다리며 벌벌 떨고 있었다. 철이의 모습이 지금도 떠오른다. 한번 뛰게 해 줄 순 없었는지. 내가 담당 교사였으면 한번 선수 교체해서 뛰게 하였으리라.

졸업을 앞둔 마지막 시험이었다. 시험에 대한 특강을 했다. 거짓 점수로 부모님을 속여서 내게 남는 것이 무엇일까? 나의 능력은 숨어 있다. 시험지에 나타난 점수가 전부는 아니다. 정직한 성적으로 현재 자신의 위치를 알고 개선해 나가는 용기가 필요하다. 점수 강박증에 걸린 부모와 아이들에게 설득이 되었는지 모르겠다.

예쁜 하나의 계획적인 앙큼한 커닝과 철이의 마구잡이 커닝 모두 지적재산 도둑이다. 철이를 불러 상담했다. 이번엔 커닝하지 말고 정직하게 시험 보자고 손가락 걸고 약속하였다. 드디어 시험 날 철이는 처음으로 문제를 읽고 답을 썼다. 문제를 이해하지 못해도 손이 가는 대로 썼을 것이다. 커닝왕 철이는 처음으로 반에서 정직하게 꼴찌를 하였다. 철이를 불러 칭찬해 주었다. 시험 성적은 꼴찌지만 그 아이의 밝은 성격과 건강한 육체와 긍정적인 생각은 너무도 보기 좋았기 때문이었다.

3년 후 스승의날, 철이는 공업고등학교에 입학했다고 꽃 한 송이를 들고 찾아왔다.

"선생님, 저 고등학생이 되었어요."

"짜아식, 보기 좋구나."

철이는 근육질의 건강한 사춘기 남아로 잘 자라고 있었다. 늘 웃는 철이의 모습은 기분 좋은 사랑스러운 제자로 기억된다.

피리 부는 소녀(94)

지금은 월드컵 공원이 된 그곳은 서울의 한강 하구 난지도였다. 샛강이 있어 60년대 여름에 휴가를 즐기는 곳이기도 했다. 서울 인구가 폭발적으로 늘어나자 쓰레기를 증산동 논바닥에 쌓아 놓더니 그곳을 매립하여 주택지로 만들었다. 1978년 난지도를 서울의 쓰레기 매립지로 지정했다. 그 후 15년 동안 쌓인 쓰레기가 산이 되었다. 1993년 그곳엔 농사를 짓던 원주민들이 있었고 서울에서 갈 곳 없는 사람들이 모이기 시작하였다. 그들은 쓰레기를 뒤져 재활용품을 모아 생활하는 빈민들이었다. 고아원도 있었고 학교도 있었다. 그곳의 학교는 서울에서 특수학교로 분류되었다. 우선 교통편이 나쁘고, 쓰레기로 환경이 매우 더러웠다. 그곳에 발령받은 교사들은 2년이 근무 조건이었다. 개구리가 교실에 뛰어 들어오고 파리 떼로 점심 먹기가 힘들었다.

서울의 밑바닥이었던 그곳에 살던 연이가 이 마을로 전학을 왔다. 연이는 수줍음이 많고 학업도 뒤처졌으며 학급에서 잘 어울리지 못했다.

방과 후, 특히 수학에 어려움이 있는 10명 정도를 남기고 무료 과외(나머지 공부)를 시작했다. 연이도 그중 하나였다. 곱셈, 나눗셈을 잘하지 못해서 그날 과제를 잘하면 집에 보내 주었다. 연이는 제일 늦게 집에 갔다.

3학년 음악 교과서에 리코더 불기가 나온다. 우선 8음계를 불어야 멜로디를 할 수 있다. 못하는 녀석들에게 숙제를 내주어도 안 해 왔다. 리코더 지진아 12명을 특별 지도 하기로 했다. 그룹의 이름은 피리 부대다. 첫 시간 시작 전에 칠판 앞에 나온다. 한 줄로 서서 한 사람씩 불고 들어갔다. 단계를 정했다. 5, 4, 3, 2, 1단계로 가장 낮은 5단계는 음계 익히기였다. 3단계를 통과하면 피리 부대를 떠났다. 매일 하는 것이 가장 효과적이다. 음계 연습은 연주이고 학급 아이들은 연주를 관람한다고 생각하는 것 같았다. 어느 날 아침은 바빠서 피리 부대를 깜박 잊었다.

"선생님, 오늘 피리 부대 안 해요?"

"아참, 잊을 뻔했구나. 어서 나와요."

좀 부끄러울 수도 있었는데 그들에겐 성취감이 생기나 보다. 피리 부대 12명은 하나둘 3단계를 지나 줄어들기 시작했다. 연습만 하면 교과서에 수록된 곡을 연주할 수 있었다. 끝까지 남은 사람은 연이다. 아침마다 불어도 8음계 소리가 안 났다. 손가락이 가늘고 힘이 없어 구멍을 제대로 막지 못했다. 어느 날 아침, 연이의 리코더에서 소리가 났다.

"도, 레, 미, 파, 솔, 라, 시, 도."

"연이야, 잘했다. 그간 수고했구나."

아이들은 콘서트 연주를 들은 것처럼 손뼉을 쳤다. 그 후 느리긴 해도 연이까지 3단계에 도달하여 피리 부대를 모두 통과했다. 이 성공적인 피리 수업으로 얼마나 많은 아침 시간을 보냈는지. 한 달은 더 된 것 같았다.

연이 엄마는 연이와 달랐다. 더 어린아이 같고 순진하였다. 어느 날 4교시 수업이 끝나 갈 무렵 복도 창으로 연이 엄마의 얼굴이 보였다. 그녀는 손짓으로 날 불러내고 있었다. 무슨 일인가 놀라서 밖으로 나갔다.

"연이 어머니, 무슨 일이신가요?"

"연이 점심 도시락 좀 전해 주세요. 그리고 이건 선생님 드셔요. 계란말이예요. 서영생님, 우리 연이 리코더 엄청 잘 불어요. 집에서 매일 리코더를 불어요."

겨우 통과된 피리 부대의 마지막 주자인 걸 모르는 엄마의 행복한 모습이었다.

나의 집과 학교의 통학 거리는 멀지도 가깝지도 않았다. 아침에 사남매를 등교시키고 나면 출근 시간이 빡빡해 택시를 탔다. 퇴근 후엔 걸어서 집에 가는데 마을을 통과해야 했다. 어느 날, 퇴근길에 연이 엄마를 만났다. 동네 아낙들과 수다를 떨다가 날 보고 달려왔다.

"서영생님 안녕하세요? 저 이 동네 살아요. 이 길로 다니세요?"

"네, 가끔 퇴근할 때 지나가요."

"서영생님, 이리 오세요."

그녀는 내 손을 잡더니 자신의 집으로 끌고 갔다. 작은 다세대 주택이 층은 방이 두 개에 거실 없는 부엌이 전부다. 그녀는 집을 사게 된

경위와 새 냉장고와 연이의 책상을 자랑하였다. 연이 방은 책상 옆 공간에 한 사람이 겨우 누울 수 있었다. 연이 엄마는 난지도 쓰레기 더미 마을에서 살다가 주택이 있는 곳에 살게 된 것을 너무 행복해했다.

"성생님, 오이김치 좋아하세요?"

그녀는 새 냉장고를 열어 검은 봉지에 냄새나는 오이김치 두 개를 넣었다. 내 의사는 상관없이 손에 들려 있었다. 거절하고 싶은 마음은 간절했지만 그녀의 행복하게 웃는 얼굴을 외면하지 못했다. 내게 뭔가를 주고 싶은데 신 오이김치가 생각났나 보다. 검은 봉지를 들고 걸어서 집 근처까지 왔다. 진돗개 겨울이는 내 발자국 소리를 듣고 낑낑거렸다. 벨소리를 듣고 친정 노모가 달려 나오셨다. 팔순의 노모는 무료한 하루를 보내고 나만 기다리고 있었다. 애들보다 늘 딸만 생각하는 어린애 같은 엄마셨다.

"이게 뭐냐?"

엄마는 검은 봉지를 들추며 말했다.

"어느 학부모가 준 거예요."

"다음엔 이런 것 받아 오지 말아라. 원, 교양 없는 여편네. 선생을 뭘로 보는 거야."

일본식 교육을 받은 엄마는 유난히 깔끔하고 고상한 성격이시다. 난 아무 말도 하지 않았다. 연이 엄마가 오이김치를 준 건 날 무시해서가 아니라 순수함 때문이었다.

"때르르릉~"

"여보세요?"

"서엉생님, 어제 병원 앞으로 지나가셨지요? 버스 안에서 성생님 봤어요."

"오, 안녕하세요? 연이 어머니시구나. 연이 잘 있어요?"

"연이는 중학교에 갔어요. 그리고 저 학교 급식실에서 일해요."

"잘되었어요."

몇 년이 흘러도 그녀는 딸보다 더 어리고 명랑하였다. 피리 부는 소녀의 엄마는 버스 안에서 본 옛날 담임이 반가워 전화를 한 것이다. 귀여웠다. 항상 기쁜 마음으로 사는 행복한 여인은 참 좋은 엄마다.

유학(94)

경이는 또래보다 크고 활동량이 많은 아이였다. 교실이 좁다고 휘젓고 다녔으며 장난이 심했다. 주먹을 휘둘러 아이들을 괴롭혔다. 좁은 교실에서 그 아이의 움직임을 지켜보고 있으면 사고가 날 것 같아 매일 조마조마하였다. 3학년 국어에 '외나무다리'라는 연극 단원이 있었다. 단원 대사의 양에 따라 네 부분으로 나누고 조를 짰다. 학급 전원이 참여하는데 경이는 한 부분에서 주인공을 맡았다. 소품 닭다리는 실제 튀김닭을 사 와서 아이들의 주목을 끌었다. 연기에 열을 올려 모두를 놀라게 했다. 경이는 연기를 잘하고 대중 앞에 서길 좋아하는 성격이었다. 그 애는 아이들의 투표로 연기대상을 받았다. 그날은 매우 만족한 기분으로 차분한 하루를 보냈다.

1학기 통지표를 배부했다. 2학기가 되자 경이의 부모님이 찾아왔다.

"선생님, 통지표 받은 날 우리 부부는 한숨도 못 잤어요."

"아니 왜요?"

"통지표에 써 주신 선생님 글에 충격을 받았어요. 경이는 집에서 전혀 그런 애가 아니거든요. 말 잘 듣고 동생 잘 돌보고 나무랄 데가 없어요. 늘 자랑스럽게 생각했어요."

경이 엄마의 얼굴은 상기되어 기분을 가라앉힐 수 없는 분노가 보였다.

경이의 통지표 행동 발달 상황에 이렇게 썼다.

'의욕과 호기심이 많고 적극적이고 활동적이다. 그러나 수업의 집중력을 키워야겠음. 남을 배려하고 친구들과 사이좋게 지내도록 노력해야 함.'

경이 엄마는 아들들에게 무서운 엄마였다. 강압적인 스파르타 교육이 가정 안에서는 잘 이루어진 듯하였다. 그러나 엄마의 감시를 떠나면 그 아이의 개성이 살아난다는 걸 몰랐을 거다. 학교는 경이에게 해방된 놀이터요, 선생님은 착한 어른이라 말을 듣지 않았다. 대체로 엄한 부모 밑에서 자란 아이들은 부모보다 엄하지 않으면 말을 잘 듣지 않았다.

나는 경이 엄마에게 할 말이 속에 가득했다.

'경이는 10명 가르치는 것보다 힘들어요. 협동 수업에 혼자 하려고 떼를 쓰고, 고집을 부려요. 친구와 충돌이 잦아 싸움으로 끝나지요. 청소 시간에 빗자루 들고 다투고, 물걸레 빨다가 물 뿌려 남의 옷 적시고, 복도와 교실에서 마구 뛰어 부딪히고, 여자아이들을 울리는 등 수없이 많은 일이 있어요.'

내가 하고 싶은 말을 했다면 그녀의 성격으로 내 머리채가 잡혔을 것 같았다. 통지표에 있는 말로 잠을 잘 수 없었다는데 그냥 입을 다물기로 했다. 괴로운 건 내 직업의 특성이다.

겨울 방학이 가까운 어느 날 경이 엄마가 기분 좋게 찾아왔다. 경이를 영국으로 유학을 보내기로 했단다. 경이네는 대형 미용실을 운영하는데 삼촌이 미용으로 영국 유학 중이었다. 이 기회에 삼촌이 있는 곳으로 보내고 싶어 했다. 새 대통령의 교육 정책으로 영어 교육을 의무화한다는 말이 있었다. 그들은 새로운 희망으로 부풀어 영국으로 떠났다. 경이가 없는 교실은 안정되고 나의 에너지 소모가 줄어들었다. 제발 그 아이가 영국에서 자리 잡고 계속 있기를 기원했다. 혹 공간을 바꾸면 달라지는 경우가 있다. 한국의 고루한 나 같은 선생보다 선진국의 교육이 낫지 않겠나. 그러나 겨울 방학이 끝나고 개학 일주일도 되지 않아 경이는 학교에 나타났다.

"너, 왜 왔어?"

"그냥 우리나라에서 공부하래요."

"영국에서 재미없었니?"

"네. 축구할 때만 재미있었어요."

경이는 영국 학교에서 오전 수업에는 벙어리로 지내다 오후에 축구할 때만 즐거웠다고 했다. 집에 오면 엄마의 감시가 없었다. 동생과 소리 지르며 맘껏 뛰놀았다. 형제는 물 만난 물고기처럼 신나는 시간을 보냈다. 삼촌도 남자아이 둘을 다루기 힘들었을 것이다. 그런데 이웃 주민들이 소란스러움을 참지 못해 고발했다. 삼촌과 사는 집은 공동 주택이었으니 옆집의 항의가 계속되었다. 사정이 나아지지 않으니까 고발이 끊이지 않았다. 결국은 학교 공부의 어려움 때문이 아니라 마을 주민에게 쫓겨난 것이 아닌가 하는 생각이 들었다. 조용한 유럽인들에게 망아지 같은 자유로운 남자아이들은 용서받지 못할 인종 차별을 당한 것일 수도 있다. 그 이유로 귀국했다. 엄한 부모 밑에서도 힘든 교육이 나라가 달라진다고 교육이 되겠는가. 가장 중요한 교육은 가정 교육이다. 영어 몇 마디 먼저 한다고 성공을 기대하는 어리석음이 아이들을 망치는 경우가 종종 있다.

얼마 전 미국에서 잠시 귀국한 고교 동창 친구를 만났다. 그녀는 비벌리힐스 초등학교에서 근무하고 있었다. 요즘 유행하는 조기 유학의 문제점을 말해 주었다. 한국의 어학연수로 온 학생들이 많은 문제를 일으킨다고 하였다. 미국 학교 담임들에게 제대로 대접받지 못한다고 했다. 말을 알아듣지 못하는 제3국의 아이들에게 그들은 친절하지 않았다.

미국 학교 교육은 유치원에서 생활 지도부터 철저히 시작하여 2학년 정도면 자리를 잡는다고 하였다. 질서를 지켜 수업 중 떠드는 애들은 거의 없다고 했다. 남에게 피해를 주거나 무례한 짓을 대단히 엄하게 처벌한다고 했다. 공부보다 개인의 생활을 존중하는 규칙을 지키고 있었다. 담임은 수업만 책임지고 행동의 문제는 생활주임 즉 교감에게 인계되었으며 학부모 상담과 징계가 있다. 더 큰 문제는 교장 손으로 넘어가면 학부모는 교육청 교육을 받아야 한다. 문제아는 일정 기간 홈스쿨링으로 학교 수업에 참여할 수 없게 했다. 주마다 다르지만 규율이 엄한 학교가 좋은 학교이고 사립학교라면 더 엄격한 교칙이 있다고 했다.

지금 우리 아이들의 생활 태도는 어떠한가. 타인에게 피해를 주는 것이 왜 나쁜지 모른다. 담임은 부모에게 싫은 소리 않고 시비를 피하기 위해 벌을 주지 않는다. 귀한 내 자식이 공동 질서를 파괴하고 있다는 걸 인지 못 하는 젊은 부모의 교육 목적은 무엇일까. 행복일까, 성공일까, 특권 의식일까. 성인이 되어 부모를 떠나 살기 위해선 인간관계가 중요하다. 아무리 강조해도 변함없는 진리다.

내 딸 선녀(94)

3학년 이 여아를 선녀라고 부르기로 했다. 아이는 가냘프고 예쁘다. 타고난 곱슬머리가 인물을 더 돋보이게 했다. 그래서 선생님 딸이라고 반 애들에게 알렸다. 아이들은 질투나 시기의 눈빛도 없이 무관심한 표정들이다. 질투할 대상이 아니므로 관심 밖이었다. 선녀는 보기엔 사랑스러우나 행동은 반대였다. 수선스럽고 학습에 흥미가 없었으며 기초 학력이 매우 낮았다. 교우 관계는 좋지 않아 충돌이 잦아서 좌석 배치에 신경을 써야 했다. 작년 2학기 말 전학을 왔는데 서류가 없었다. 엄마는 서류를 가져왔다는데 학교에 없다는 거다. 어떻게 입학이 되었으며 반 편성은 어떻게 된 것일까. 학기 초부터 신경 쓰게 하는 특별 지도 할 아이였다. 선녀는 이혼 가정의 피해자였다. 부모의 이혼 후 아빠와 계모와 이복동생들과 살았다. 아빠의 무관심과 계모의 차별 대우로 가정에서 왕따를 당해 정서가 불안하였다. 딸을 두고 온 엄마는 딸이 불쌍했지만 생활 기반이 되어 있지 않아 데려올 수 없었다. 이제야 직업을 가졌고 새 남자와 결혼하며 선녀를 데려왔다.

말괄량이 선녀의 짝을 나무꾼이라고 불러 주었다. 짝을 바꾼 날이면 짝에게 간절하게 부탁했다.

"나무꾼, 선생님 딸 선녀를 부탁해요."

선녀 주위가 시끄러우니 제발 잘 지내 달라는 담임의 부탁이었다. 3학년 녀석들은 내 말에 반응이 없었다. 그래도 선생님 뜻을 알아주는 듯 아주 효과가 없는 것만은 아니었다. 문제아의 특별 대접을 이해하는 듯했다.

선녀는 하교 후 집에 가지 않고 마을을 배회하였다. 밤늦게 파출소에서 아이 찾아가라고 학교로 연락이 올 때도 있었다. 선녀 엄마의 퇴근 시간이 11시였다. 엄마가 올 때까지 집에 들어가기 싫어했다. 친하지 않은 새아빠와 같이 있는 것도 어색하였을 것이다.

부진아 10명 정도 남겨 지도할 때 선녀도 함께했다. 모자란 공부와 구구단도 다시 외우고 나눗셈도 하였다. 아이들이 다 가도 선녀만 남아 퇴근할 때까지 데리고 있기로 했다. 퇴근 시간 5시까지면 엄마와 만날 시간이 줄어들 것이라고 생각했다. 간식도 나누어 먹고 학교 딸로 오후의 시간을 행복하게 보냈다. 말괄량이 선녀는 청소 시간이면 이리 뛰고 저리 뛰어 방해가 되었다. 청소 시간만 운동장에 나가 있기로 했지만 지켜지지 않았다. 3학년 청소는 어설퍼서 특별한 지도가 필요했다. 분단별로 한 사람씩 구역과 할 일을 정해 주었다. 맡은 구역이 정확해야 깨끗하게 빠르게 끝을 낼 수 있었다. 이날 선녀는 청소 시간에 나가지 않고 놀고 있었다. 걸레 당번이 보이지 않았다.

"걸레 당번 누구니?"

"선생님, 저요. 제가 걸레 빨아 올게요."

선녀는 말이 끝나기도 전에 걸레를 집어 휘날리며 달려 나갔다. 복도 끝 화장실 개수대를 향하여 질주했다. 잠시 후 화장실 쪽에서 비명 소리가 들렸다.

"아아아악!"

순간 사고를 직감하고 화장실 쪽으로 뛰어갔다. 아니나 다를까, 선녀의 질주는 멈춤이 없어 개수대에 부딪혀 무릎이 찢어졌다. 뼈가 보일 정도로 깊이 파였다. 마무리 안 된 개수대 시멘트의 울퉁불퉁한 곳이 사고 현장이었다. 양호실로 데려가 응급 처치를 했다. 학교 앞 정형외과가 생각나서 선녀를 업었다. 3학년이라 해도 말라서 가벼웠다. 정형외과로 들어섰다. 의사는 상처가 깊어 마취도 없이 수술해야 빨리 회복된다고 했다. 수술에 들어갔다. 선녀의 울음소리가 들렸다. 자책이 되었다. 방황하는 아이를 남겨 두고 지도한다고 한 것이 잘한 일이 아니구나. 내가 뭔 짓을 한 거냐. 아이를 다치게 한 게 내 탓이리라. 하교 후 지도하겠다고 이런 일이 일어나다니…. 선녀의 수술이 끝났다. 집으로 보내야 하는데 집에 엄마가 없었다. 그땐 전화가 흔하지 않을 때다. 엄마 직장 전화도 몰랐다.

엄마가 올 때 인계하면 좋으련만. 나도 가족이 있고 살림해야 하므로 난감하였다. 전화번호 있는 이 집 저 집 알아보다 마침 진이네를 찾아냈다. 진이네는 선녀 집과 엄마를 알고 있었다. 친절하게 엄마 올 때까지 잠시 데리고 있겠다고 했다. 진이 엄마가 구세주였다.

그날을 무사히 그렇게 넘어갔다. 다음 날 선녀는 결석했다. 오후에 선녀 엄마가 찾아왔다. 키가 크고 이목구비가 수려한 미녀였다. 미인대회 입상한 여자처럼 목소리도 곱고 수줍어했다. 선녀가 엄마를 닮아 예뻤구나. 선녀가 아빠랑 살 때를 얘기하며 눈에 눈물이 그렁그렁하였다. 파리하게 병든 딸을 데려왔다고 한다. 이 정도로 건강하게 된 것만이라도 고맙다고 했다. 선녀를 위해 일을 더 하는 거라고 했다.

새아빠와의 적응 기간도 필요했던 것이다. 아이들은 전적으로 어른들의 영향을 받는다. 어른보다 더 많은 영향이 뇌에 저장이 된다. 다만 직설적인 표현을 못 하고 있을 뿐이었다.

  선녀 엄마는 비련의 여주인공처럼 촉촉한 눈이 슬퍼 보였다. 치료비라고 봉투를 주고 갔다. 선녀는 수술한 무릎이 나을 때까지 학교에 오지 않았다. 내가 사 준 인형을 들고 나무꾼과 친구들이 병문안을 갔다. 선녀는 가장 행복한 시간을 보내고 있었다. 엄마의 사랑과 친구들의 관심을 받으며 차츰 회복되어 갔다. 선녀가 학교에 나왔을 때 선녀의 얼굴은 한결 안정되고 편안해 보였다. 엄마의 뱃속에 동생이 생겼다고 좋아했다. 1년 동안 내 딸이었던 선녀는 행복하게 4학년으로 진급했다. 그 후 한 번도 못 본 학교 딸 선녀는 어떤 나무꾼을 만났을까? 제발 행복해야 하는데…. 선녀의 이야기는 여기까지이다.

교과(96)

국민학교가 초등학교로 명칭이 바뀐 해였다. 국민이란 단어는 일본 잔재의 냄새가 나므로 변경된 것이다. 1895년 소학교, 1906년 보통학교, 1926년 심상소학교, 1941년 국민학교, 1996년 초등학교로 변경되었다.

50대가 되어 8번째 학교로 전근했다. 골짜기 언덕에 있는 작은 학교는 인근 학교에 비해 생활이 어려운 편이었다. 엄마들은 아랫마을에 도우미로 간다는 말을 들었다.

30년에 가까운 교직 생활, 초등학교에 교과 과목 교사가 생겼다. 담임이 아닌 교사가 다른 반을 지도하는 교과 담당이다. 1967년 처음 교사가 되었던 햇병아리 교사였을 때였다. 그때 중학교 입시가 있었다. 6학년 담임들은 새벽부터 아이들을 공부시켰다. 중학교 입시 성적이 우수한 6학년 전문 교사도 있었다. 6학년 담임들은 많이 지쳐 있었다. 6학년 담임이 음악을 부탁하였다. 최초의 교과 교사라고 해야 할까? 내가 음악 수업하는 동안 6학년 담임은 숙직실에서 쉬었다.

80년도에 국회 교육분과위원회에서 우편물이 하나 왔었다. 학교 현장의 사정을 건의하라는 내용이었다. 왜 내게 그런 우편물이 왔는지 모른다. 학년 배당 시간의 비합리성을 자세히 써 보낸 적이 있었다. 저학년은 주당 24시간, 고학년은 32시간이 주어진다. 학년 배치는 교장의 고유 재량이다. 나이 든 여교사들은 저학년을 맡기 위해 교장에게 뇌물을 주는 것이 관례였다. 초등학교 교장의 비리는 이것으로부터 시작되었다. 학교 내에서 공공연한 비밀로 교장은 학년 장사를 했었다. 상대적으로 저학년 과목은 쉽고 주당 시간이 짧으니 나이 든 기혼 여교사들의 경쟁 학년이 될 수밖에 없었다.

 국회 교육분과위원회에 우편물을 보내고 한참 후였다. 이 거국적인 교과 시간 배치는 전교조(전국교직원노종조합) 활동이 크게 작용했을 것이다. 학교의 비리를 청소한 전교조의 역할은 학교 정상화에 크게 기여하였다.

 내가 건의한 후 10년도 더 걸려 교과 전담 교사가 실시되었다. 그러나 교과 자리는 인기가 없었다. 고학년 교과 수업을 채우는 떠돌이 수업이다. 교실이 없어 교무실에 파티션으로 분리해 놓고 교사들 자리를 만들었다. 교과 교사제는 뿌리내리는 데 시간이 걸렸다. 지원자가 적어서 그 수를 채우려고 초임 발령자 또는 특수한 경우의 교사들이 맡게 되었다. 해마다 교장들은 교과 교사들로 고심이 많았다.

 학교에 수십 년 근무하기도 했고, 인기 없는 교과를 맡으면 학교 행정에 도움이 되지 않을까 생각되어 지원하였다. 6학년에 배당되어 미술을 하게 되었다. 그러나 주당 시간을 채우려면 1시간을 더 해야 했다. 6학년 교사들은 재량 시간 1시간을 영어로 해 주길 원했다.

 1996년도의 영어란 생소했다. 새 대통령의 교육 정책으로 영어 교육이 시행하려는 연구 단계였다. 사립학교에서도 특별 활동으로 시범 수업을 할 정도였다. 자료도 교재도 없었다. 수업 모델도 없고 교사들의 영어 강습도 하기 전이었다. 이곳은 특히 문화적으로 뒤처진 편이었지만 6학년 담임들의 요구이기에 응하기로 했다.

고민하고 준비하고 교실로 향하는데 물 한 병 들고 사막에 걸어가는 기분이었다. 교실 문을 열고 들어갔다.

"굿 모닝, 에브리원! 아이 엠 유어 잉글리시 티처." 그리고 간단하게 영어로 소개했다. 영어 분위기를 만들기 위한 멘트다. 기본 지식이 전혀 없는 아이들 앞에서 간단한 영어는 거부감을 주는 듯했다. 반응은 관심이 없다는 표정이었다.

그리고 나이 들어 젊게 보이려고 힘을 주었다. 액세서리를 바꾸고 옷도 깔끔하게 입으려 노력했다. 귀걸이는 내 귓불이 두꺼워 아팠다. 수업이 끝나면 교무실에 앉아 혼자 중얼대었다.

"오늘 장사는 끝났으니 귀걸이를 풀어야지…."

우선 알파벳을 가르쳐야 했다. 스케치북에 칸을 나누고 칠판에 약화를 그려서 알파벳을 소개했다. 똑같이 그려 잘라서 플래시 카드를 만들었다. 학교엔 복사기도 없었다. 수작업으로 만든 카드를 사물함에 넣어 두라고 했다. 6학년 ○반 두 번째 영어 시간이다.

"지난 시간 만든 카드를 책상 위에 올려놓으세요."

분위기가 시큰둥했다. 궤간 순시하며 지난 시간 만든 카드를 확인하는데 준비 못 한 녀석들이 너무 많았다. 이해하기 힘들었다. 만든 걸 사물함에 넣어 두면 되는데, 일주일에 한 번 있는 영어 시간에 관심이 전혀 없다는 걸 발견했다. 카드가 없으면 알파벳 기본도 할 수 없었다.

"카드 없는 사람 모두 나와. 이유를 말해 봐."
"잃어버렸는데요."
"찢어 버렸어요."
"집에 두고 왔어요."
"엄마가 버렸어요."
"욱이 넌 어디에 두었어?"
"모르겠는데요."

욱이의 엉덩이를 무릎으로 툭 쳤다. 욱이는 후배의 아들이다. 유치원 때부터 알고 지냈다. 이전 학교 1학년 담임일 때 옆 반이었다. 후배랑 걸스카우트 지도자와 함께 스키도 타러 간 적이 있다. 욱이에게 아는 척한 것이 들킬 것 같아 다른 녀석들도 한 번씩 툭툭 쳐 주었다.

순간 내 앞으로 쪽지가 날아왔다. 두 녀석이 쪽지 장난을 하던 것이 잘못 날아온 것이었다. 쪽지를 집어 들었다. 찢어진 공책 한 페이지에 써 있는 내용이었다.

'제가 뭔데 때려, 담임도 아닌 것이 왜 때려, 제가 영어 선생이면 다야? 영어는 왜 배워 정말 싫어. 재수 없어. 좆같은 늙은 년, 시팔 년, 늙은 게 지랄이야, 이쁘지도 않은 것이 이쁜 척하고, 뚱뚱한 것이 잘난 척하는 것 꼴 보기 싫어….'

접은 쪽지를 펼쳤다. 첫 줄부터 욕이었다. 손이 떨렸다. 살면서 누구에게도 들어 보지 못한 욕이 한 바닥이었다. 쪽지를 큰 소리로 읽었다. 아이들은 쥐 죽은 듯 조용했다. 자신들이 듣기에도 민망하였으리라. 예쁜 소녀가 조르르 달려 나왔다.

"선생님, 잘못했어요."

보기에 단정하고 모범적인 소녀의 모습에 더 놀라웠다. 난 그 애의 말이 들리지 않았으며 눈물이 핑 돌았다. 교과를 하겠다고 그것도 영어의 불모지에 6학년 교사의 요구를 들어준 결과는 예상 못 한 일이었다.

"욱아, 선생님이 너 때렸니?"

"네."

후배 아들 욱이의 대답에 어이가 없었다. 아이들은 이것을 때렸다고 생각하는구나. 맥이 빠졌다. 말하고 싶지 않아 교실을 나왔다. 4층 계단을 내려오는데 다리가 후들거렸다. 난간을 잡고 겨우 내려와 2층에 있는 2학년 담임 동기에게 갔다.

"김 선생, 이것 좀 읽어 봐."

김 선생은 까맣게 써 놓은 욕을 읽고는 흥분하기 시작했다.

"어머어머, 못쓰겠네. 이거 그냥 두면 안 돼. 교장에게 보고하자. 그리고 부모를 불러야지."

"됐어. 일을 크게 만들지 마. 그렇게 되면 누가 망신인지 알아? 나야."

교사들의 사건 사고는 언제나 교사만 불리하다. 이 입 저 입 사건의 정황은 풍선처럼 커지고 아무도 교사의 편이 되어 주지 못한다. 교장도 교사들도 다 자기 몸 사리기에 바쁘고 책임질 사람은 본인이다. 똥바가지 뒤집어쓴 것 내가 다 처리해야 한다. 화살은 교사를 향해 언제나 날아올 준비가 되어 있다. 학교는 전쟁터이며 아이들, 학부모, 교장, 교감, 교육위원 모두 내 편이 아니다. 교사는 돈을 벌기 위한 용병이다. 영어 불모지에 6학년 교사들의 청을 들어준 것이 나의 큰 잘못이다.

  담임은 아이들 편에 반성문을 써서 내려보냈다. 그 소녀는 반의 주요 인물인 것 같았다. 그 아이를 배려하고 감싸야 하는 이유가 있는 것일까. 길게 잘 써 내려간 반성문은 들춰 보기도 싫었다.

  "됐어. 그냥 가져가거라. 반성했으면 됐지, 뭐."

  겉모습은 사랑스럽고 공부 잘하는 딸아이다. 50대 영어 교사에게 이런 욕을 했다고 부모에게 알렸을까? 소녀의 마음에 가득한 그 욕은 누구에게 들었을까? 듣지 않고 자기가 창작한 것은 아니다.

  예쁜 소녀가 내게 퍼부은 악담의 원인을 찾아 보았다. 뚱뚱한 것도 사실, 늙은 것도 사실이다. 잘난 척한다는 건 교실을 들어서며 굿 모닝을 외친 것이다. 그러나 이런 것 말고 그리 찰진 욕을 모아 놓았다는 건 평소에 들었다는 거다. 가정에서 늘 쓰던 말이 아닐까. 조부모나 부모가 욕을 하는 가정일 것이다. 욕이란 남을 무시하고 저주하는 짤막한 단어들이다. 기억하는 건 없지만 우리나라 욕이 어마 무시하게 많다는 걸 알았다. 한 맺힌 민족이라 입으로 풀면서 살았나 보다.

  이래서 교과를 회피하고 꼭 담임을 고수하는 것이었구나. 그다음 시간에 아무렇지도 않게 그 교실에 들어갔으며 1년을 잘 견디었고 교과 3년을 연속으로 하였다.

천재(98)

교과 3년 하고 마지막 이 학교를 떠나기 전 2학년을 지원했다. 2학년은 황금 학년이다. 2학년은 학교생활에 익숙하고, 한글도 다 알고 시간 수는 1학년과 같다. 여교사들 모두 선호했다. 교과는 7학년이라 하여 교과를 하곤 저학년을 기대한다. 그런데 교감은 교과를 저학년으로 여긴다고 전교 방송하였다. 교감의 돌발 발언에 교과실 젊은 교사들은 테러를 일으키려 했다. 교감은 교과실 아우성에 꼬리를 내렸다. 그리고 나에게 1학년을 주었다. 1학년은 만 6세 어린이의 첫 학교생활이니 많은 신경을 써야 했다. 3년 만에 교실에서의 담임 생활을 기대하였다. 새 모습으로 즐거운 나날을 만들어 가려고 다짐했다.

승이는 멋쟁이다. 엄마는 중학교 앞에서 문방구를 하고 아빠는 기자라고 했다. 승이는 보기와 달리 수업에 집중하지 않고 긴장감이나 호기심이 없었다. 친구와 어울리지 못하고 질서 의식이 부족하였다. 주변에 학용품이 널려 있어도 찾지 않았다. 눈에 띄게 산만하여 앞자리에 앉히고 특별 관리에 들어갔다. 한글은 익혔으나 수리력이 많이 약했다. 어느 날 아침, 승이는 등교하며 교실 문을 활짝 열어젖히고 소리를 질렀다.

"선생님! 아침에 엄마랑 아빠 싸웠어요. 아빠가 노트북 다 깨뜨렸어요."

어제 두고 간 검은색 바바리가 걸상에 걸려 있는데 오늘은 베이지색 바바리를 입었다. 그 비싼 노트북이라니 학교엔 아직 컴퓨터도 제대로 갖추지 못했다.

아이들 앞에서의 싸움은 부모의 권위를 떨어뜨린다. 담임 말도 듣지 않고 제멋대로 하는 승이의 정서불안의 원인을 알았다. 승이에겐 공부보다 마음의 안정이 시급하였다. 아이들을 보내고 숙제를 점검하고 있는데 누가 찾아왔다. 그녀는 인사도 하지 않고 불만이 가득한 짜증스러운 표정이었다. 앞자리에 마주하고 앉았다. 그녀는 가방에서 무언가를 꺼내어 놓았다.

"저, 승이 엄마예요. 이거 가져왔어요."

"뭐예요?"

"우리 승이 아이큐 검사지예요."

"그런데 왜 이걸 가져오셨어요?"

"참고하시라고요."

흰 봉투를 열어 검사지를 펼쳤다. 지능지수 132였다. 언제 검사한 건지 승이는 동네에서 천재로 알려져 있다고 하였다. 만 3세 즉 한국 나이 다섯 살에 한글을 익혔다. 그 애의 버릇없고 난장판인 성격을 마을 사람들은 알지 않았을까. 등잔 밑이 어둡다고 부모만 모르는 일이 많았을 것이다. 가족은 아들의 학교 입학에 커다란 기대를 하였을 것이다.

승이 엄마는 화가 잔뜩 난 목소리로 왜 자기 아이가 앞자리에 앉았는지 이유를 알고 싶다고 하였다. 뛰어난 능력을 인정하지 않고 맨 앞에 앉혀서 모욕적이었다는 것이었다. 그녀의 의도는 아들을 바보 취급하고 촌지를 원하는 늙은 교사로 기사화할 것 같은 말로 들렸다.

아빠가 기자라니 소속이 어딘지 몰라도 교사 하나 기사 써서 병신 만드는 건 쉬운 일이었다. 기자들은 거짓말 스토리텔러들이거나 가짜 뉴스의 작가들인 사람들도 있다.

　나는 승이의 학습 태도와 능력을 말해 주었다. 한글을 일찍 익혀서 글은 잘 읽지만 연산이 안 되고 수업에 관심이 없다. 늘 안정감이 없고 학습 용구도 잘 정리하지 못한다고 말해 주었다. 얼굴에 불만이 가득 찬 불통의 엄마를 어떻게 설득시킬지 고민했다.

　EQ(감성지수)라는 이론을 이야기해 주었다. 미국 스탠포드 대학의 월터 미셸 박사가 실제로 아이들을 대상으로 한 '마시멜로 실험'이다. 4살짜리 아이들을 모아 놓고 마시멜로를 15분간 참고 먹지 않기로 약속했다. 끝까지 참으면 마시멜로를 하나 더 받을 수 있다고 했다. 그리고 아이들을 관찰했다. 아이들에게 15분은 긴 시간이다. 참지 못하고 먹어 버린 아이들도 있었고 참았다가 1개 더 받은 아이들도 있었다. 이 실험은 10년이 지난 다음 그들의 성장 과정을 관찰했다. 참고 먹지 않은 아이들은 학업 성적이 우수했고 친구들과의 관계도 원만했으며 스트레스를 효과적으로 관리했다. 성공적으로 자라고 있는 것을 알았다. 이것은 IQ보다 인내심과 순종이 더 중요하다는 것을 말해 주고 있다. 새로운 학설 MQ라는 지수도 나왔다. 머리가 좋고 정서가 안정되어 있어도 도덕적인 가치가 결여되었다면 사회적으로 문제가 될 수 있다는 것이다. 승이 엄마는 나의 긴 설명이 짜증스러워 얼굴만 찌푸리고 있었다. 핵심을 이해했는지 알 수는 없었다. 검사지를 봉투에 넣어 주며 잘 보관하라고 했다. 그녀는 보물처럼 받아

들었다. 집안의 가보가 될지도 모르겠다.

"아이들 성장에 가장 중요한 것은 부모의 따뜻한 사랑과 안정된 가정 분위기예요."

이 말만 했다. 하고 싶은 말은 속에 담아 두었다. '아이들 앞에서 부부 싸움을 자제하세요. 아침부터 기물을 부수고 싸우는 것이 잘한 짓인가요? 낳은 것보다 더 중요한 것은 기르는 겁니다. 제발 부부의 생활 태도를 고치세요.'

승이 부모의 격렬한 싸움은 승이에게 독이었다. 머리 좋은 아이를 바보로 만드는 건 부모가 만든 가정 환경이다. 승이는 학년이 오를 때마다 담임들이 늘 힘들어 머리가 아프다는 말이 들렸다. 부모는 천재 아들을 포기할 수 없어 고학년이 되어 미국 유학을 보냈다고 하였다. 1년 만에 돌아왔으나 대단한 효과가 있었다고 보기 어렵다. 관광을 가도 배울 점이 있으니 1년 유학이 나쁘지는 않겠지만 가성비를 따지자면 생각해 볼 문제였다.

젊은 부모들은 자신의 아이에 대한 환상이 있다. 입학 전 잡다한 얇은 지식으로 자녀의 우열을 가리는 우를 범한다. 학교에 적응하고 교육 과정을 이해하는 것이 우선이다. 친구와 잘 어울리고 남을 배려하고 서로 돕는 사회생활의 기초가 되는 걸 아는 게 핵심이다.

'IQ-지능지수, EQ-감성지수, MQ-도덕지수, SQ-사회적응지수, PQ-성격지수.'

이렇게 다양한 연구로 아이들 교육이 발달하고 있는데 어린 시절 IQ 지수 하나로 환상을 가지는 부모가 안타까웠다.

상처(98)

1학년들은 입학하고 두 달 정도 지나 4월이 되면 아픈 아이들이 많았다. 예전엔 수두, 감기, 몸살이 왔다. 만 6살이 학교생활에 적응하느라고 피로가 쌓였을 것이다. 유치원 교육이 없었던 땐 더욱 그랬다. 영양 상태가 좋지 않았던 예전엔 더 많았다.

그리고 봄철 환절기의 날씨도 어린이에겐 힘들었다. 겨우 자리 잡기 시작할 4월, 경기도에서 전학생이 왔다. 보기 드물게 마른 모녀였다. 많이 약해 보이는 순이는 말이 없는 내성적인 아이였다. 1교시 후 우유 급식을 끝내고 2교시를 시작하고 있었다.

"우웩."

순이는 책상 위로 사정없이 토하고 있었다. 책상 위 책과 공책, 학용품, 옆 짝의 자리까지 침범했다. 토사물은 수북이 쌓이고 책상 아래로 흘러내렸다. 작은 아이가 뭘 저리 많이 먹었을까? 우유 먹은 지 얼마 되지 않아 아침밥과 우유가 섞여서 냄새가 진동했다. 아이들은 코를 막고 있었다. 창문을 열고 수업할 날씨가 아니라서 창문은 닫혀 있었다. 우선 교실을 한 바퀴 돌며 창문을 하나씩 하나씩 열었다. 책들 위에 쏟아 놓은 오물을 치웠다. 교실 바닥을 닦아 내었다. 젖은 책과 공책을 조심스럽게 물로 닦아 내고 햇빛 들어오는 창가에 펼쳐 놓았다. 자리를 정리하고 순이를 집에 보냈다. 한바탕 오물 전쟁을 끝내고 수업했다.

아이들이 돌아간 조용한 오후, 과제를 체크하고 있을 때 교실 뒷문으로 순이 엄마의 얼굴이 보였다. 오물을 치워 주어 감사하다는 방문인가? 바람에 날아가 버릴 것 같은 가냘픈 여인의 발걸음은 무거웠다. 얼굴에 불만이 가득한 그녀는 인사도 하지 않고 앞자리로 왔다.

"선생님, 할 말이 있어서 왔어요."

"네, 오늘 순이가 토했지요."

"그런데 아이들이 냄새난다고 했대요. 집에 오자마자 울더라고요. 선생님이 애들 교육을 잘 시켜야겠어요. 아픈 아이에게 상처를 준다는 것은 잔인한 일 아닌가요?"

그녀는 보기에 내성적이고 표현도 잘 못할 것 같은 여인인데 이런 면이 있었나 싶었다. 말도 어찌나 빠르게 잘하는지 내가 해명할 시간도 주지 않았다.

"외동딸로 귀하게 키우고 있거든요."

그녀는 말을 이어 나갔다. 전학한 지 얼마 되지 않아서 새 학교에 적응 못 하면 어떻게 하나 걱정하고 있었단다. 오늘 토하고 집에 돌아오자마자 울음을 터뜨려 가슴이 찢어졌단다. 심사숙고 끝에 왔다고 했다. 담임에게 인격 교육이 먼저라고 강조하고 싶었단다. 남을 배려하고 도와주는 교육에 선생님이 힘을 써 주어야겠다고 날 훈계했다.

"맞는 말이긴 합니다. 아이들도 냄새 때문에 수업을 못 했어요."

상처라니! 상처란 말이 유행이 되었다. 상처 안 주고 안 받은 사람이 있나. 서로 부딪히며 사는 세상은 상처투성이다. 상처를 잘 딛고 일어나며 살아가는 게 인생이다. 연약한 딸을 다독이지 못하고 늙은 담임에게 쪼르르 달려왔다. 나름의 정의감으로 항의하러 오는 게 딸을 위한 길이었나? 그녀의 첫 번째 과제는 모녀의 건강이다. 건강한 정신은 건강한 육체에 깃든다는 격언이 있다.

"순이 어머니, 저 책과 공책을 보세요. 아직 마르지도 않았어요. 토사물이 너무 많아서 치우느라 힘들었는데 담임이 수고했다는 생각은 해 보지 않았어요?"

그녀는 화가 나서 앉지도 않고 서 있었다. 그러자 내 말에 잠시 주춤하고 우물우물하더니 황급히 인사도 없이 교실을 나가 버렸다.

일주일쯤 지난 후, 그녀는 특유의 우울한 얼굴로 나타났다. 항의할 게 또 있나 싶어 들어 보기로 했다. 또 어떤 사연인지 기대하며 인사를 했다.

"어서 오세요, 순이 어머니. 무슨 일이신가요?"

"선생님, 죄송해요. 제 생각이 짧았습니다."

눈물을 글썽이며 떨리는 목소리로 말을 마친 그녀는 바람처럼 휘이익 교실을 나가 버렸다. 아마도 반 아이들과 엄마들의 뒷얘기를 들었나 보다. 귀한 딸이 혹 늙은 뚱땡이 담임에게 미움을 받지 않을까 염려되어 사과하러 온 것일까. 순이 엄마는 보기엔 연약해도 딸 문제에 용감하게 의사 표시를 아주 잘한 보기 드문 엄마였다. 여자는 약하다. 그러나 어머니는 강하다는 속담을 떠오르게 했다.

항의도 사과도 제 발로 와서 하고 갔으니 순이의 일생은 엄마의 서포트로 늘 안전할 것이다. 아니면 마마걸이 될지도 모르지….

떠버리와 고지식(9B)

 1학년에서 가장 중요한 일이 친구와의 소통 즉 사람과의 관계이다. 입학하고 운동장 수업이 끝나고 교실에 들어온 첫날이었다. 맨 뒤에 앉아 있는 어떤 녀석이 내게 물었다.
 "선생님은 왜 뚱뚱해요?"
 "오, 그렇게 생각하니? 난 날씬하다고 생각했는데. 보세요."
 나는 몸을 옆으로 돌리며 폼을 잡았다. 60kg의 몸은 날씬한 젊은 엄마보다 뚱뚱했다. 눈에 거슬리도록 뚱뚱해진 나도 발령받던 20대엔 44kg이었다. 1학년이 눈에 보이는 대로 말하는 건 사실이다. 다른 학교에서 있었던 일이다. 50대 교사가 1학년을 맞이했다. 어느 날 영이가 물었다.
 "선생님, 할머니들은 시골에 계신데 선생님은 왜 서울에 있어요?"
 "너의 할머니는 시골에 계시니?"
 "네. 외할머니도 친할머니도 다 시골에 계셔요."
 "그렇구나. 나도 시골에 가야 하는데 내가 가면 너희들 가르칠 사람이 없구나. 그래서 못 가."
 영이의 말은 담임이 할머니 같아서 마음에 안 든다는 표현일 것이다. 또 다른 학교에서의 일이다. 입학한 지 일주일이 지난 후 담임에게 신입생 하나가 물었다.

"원장 선생님, 우리 선생님은 언제 오세요?"

"으응, 1년만 기다려요. 그러면 만날 수 있단다."

1년 후에 2학년에 젊은 선생님을 만나게 될 수 있을지도 모른다. 저학년은 거의 나이 든 교사들이 맡기에 일어난 에피소드이다. 늙어 가는 내 모습을 아이들에게 새로운 방법으로 가르치려고 다짐하였다. 선생님의 좋은 점 찾기를 주입식으로 외우게 하였다. 우리 선생님은 예쁘시다. 날씬하시다. 공부를 잘 가르치신다. 영어를 잘하신다. 춤을 잘 추신다. 음악을 잘하신다. 약간의 사기성이 있기도 하지만 긍정적인 효과를 얻고 싶어 시도해 보았다. 그들의 이해는 뒤로하고 좋은 점 말해 주기를 반복하였다. 선생님 말에 이해는 가지 않아도 늘 웃으며 칭찬해 주기를 생활화시키는 것이었다.

산을 깎아 지은 학교는 가파른 언덕 위에 있었다. 대운동장으로 내려가기보다 뒷산으로 가는 것이 더 빨랐다. 이 동산을 야외 수업장으로 잘 활용하였다. 동산 중간쯤 가면 체육 기구가 있고 동산을 넘으면 약수터가 있었다. 약수터까지 갔다 오고, 체육 기구 한 번씩 타고 오면 40분 수업이 끝났다.

아주 먼 옛날 이곳은 공동묘지였던 곳이다. 고태골이라고 죽음을 의미하는 곳이었다. 그 잔재가 동산에 남아 있었다. 쓰러진 오래된 비석, 또는 아기 무덤처럼 작아진 봉분, 그곳 위에 자란 나무들은 세월이 만들어 낸 자연의 변화였다. 미술 시간 또는 동시 짓기 등 날씨만 좋으면 동산행이었다.

동산에서 동시 짓기 수업을 했었다. 불어오는 바람과 나무들, 아랫마을의 모습과 먼 곳의 산등성이를 보면 생각이 열릴 것이다. 공부 잘하는 모범생보다 개구쟁이들에게서 좋은 작품이 나오는 흐뭇한 결과가 있었다. 미술 시간에도 동산에 갔다. 눈에 보이는 것들은 교실보다 많이 달랐다.

"얘들아, 지금 있는 자리에서 한 바퀴 돌아보자. 눈에 보이는 것, 그리고 싶은 것을 그리는 거다."

"아무거나 괜찮아요?"

"그럼, 맘대로 그려요. 첫 번째 호루라기를 불면 마무리할 준비를 하고 두 번째로 불면 선생님께 가져오세요."

경고 호루라기를 불어 시간을 알려야 했다. 야외 수업은 교실보다 에너지가 많이 소모되었다. 마냥 풀어진 녀석들은 마무리가 안 되었다. 모두 신나게 피카소가 되어 그리며 재미있어했다. 그래 바로 이거야. 화풍을 만드는 거지. 여기저기 흩어져 있는 아이들을 돌아보았다. 한 바퀴 돌고 고지식 앞에 섰다. 고지식 스케치북에는 철봉 하나가 덩그러니 그려져 있었다.

"이건 뭐지?"

"철봉이요."

동산의 하늘, 구름, 나무, 먼 곳의 산, 아랫마을의 집들을 두고 코앞에 있는 철봉을 그렸다.

고지식은 매사에 1학년답지 않게 사실적이었다. 공부도 잘하고, 자기 할 일 열심히 하고, 남에게 피해를 주지 않는 모범생이었다. 그러나 자기가 목표하는 기준이 있는 것 같았다. 그 기준에 못 미치면 인정하지 않았다. 동산에 보이는 그 많은 사물들 중 똑바로 그릴 수 있는 것은 철봉뿐이었다. 앞뒤 좌우 원근이 안 맞는 아동화를 고지식은 그릴 수 없었다. 철학자 같은 비관적인 사고는 나의 교육 방법과 전혀 통하지 않았다. 고지식은 엄마의 잔소리도 통하지 않아 답답하다고 했다.

한편 떠버리는 수업에 할 일은 안 하고 늘 떠들어 대었다.
"떠버리, 이리 나와. 너 혼자 떠들면 남에게 방해가 되지? 맞을래, 아니면 선생님 좋은 점 다섯 가지만 말할래? 그럼 용서해 줄게."
"선생님은 날씬하십니다. 예쁘십니다. 어쩌고저쩌고…."
"잘했어. 들어가거라."
신이 난 떠버리는 웃으면서 들어갔다. 자리에 앉자마자 또 떠들기 시작하였다.
"떠버리, 다시 나와. 이번엔 선생님 좋은 점 10가지 말하고 들어가."
떠버리는 10가지는 생각할 수 없었다. 그 애는 그 시간 끝날 때까지 칠판 옆에 서 있었다. 생각이 안 나니까 조용하였다.

1학년을 마치고 종업식을 하고 헤어질 시간이 되었다. 1년 농사를 마무리 지어야 할 통지표를 나누어 주는 이별의 시간이었다. 그간 익힌 말로 덕담하고 통지표와 선물을 받고 들어가는 이별식이었다. 40명을 한 명씩 인사 나누려면 꽤 시간이 걸렸다. 차례가 되어 이름을 부르면 앞으로 얼굴을 마주 보고 하였다.
"고은아, 사랑해. 2학년에도 공부 열심히 해."
"선생님, 사랑해요."
"다음 고지식, 나오너라. 선생님, 사랑해요 해 봐. 선생님, 고마워요. 예뻐요. 아무 말이나 해 보렴."

"……."

고지식은 끝까지 아무 말도 하지 않았다. 내가 1년 동안 강조했던 세뇌 교육이 전혀 먹히지 않았다. 늙은 선생님은 날씬하지도 예쁘지도 않았다. 선생님의 생각을 이해할 수 없고 동의할 수 없었다. 그리고 그깟 초콜릿 안 받아도 된다는 생각이 확고한 늙은 아기였다. 고지식은 아무런 소득도 감정의 교류도 없이 1학년을 마쳤다.

"떠버리, 나오너라. 떠벌아, 사랑해."
"선생님, 사랑해요."
우린 가벼운 포옹을 했다. 떠버리의 눈에 눈물이 맺혔다.
"왜 그래? 2학년 올라가기 싫어? 선생님도 싫어."
심각한 건 절대 없는 떠버리가 이별이 무엇인지를 안 것 같았다. 그렁그렁한 눈망울이 날 감동시켰다. 초콜릿을 한 봉지 주고 또 한 봉지를 주머니에 넣어 주었다.
"이건 비밀이다. 누구에게도 말하면 안 돼."
떠버리는 고개를 끄덕였다. 사람의 마음을 움직이는 건 감정이었다. 고지식과 떠버리 둘 다 사회의 일원으로 잘 자라 주기를 바랄 뿐이었다.

4부
가정 교육의 부재

[99~03]

2002년 월드컵 기념, 뺨에 그린 보디 페인팅

짱(99)

 아홉 번째 학교는 산 위에 지은 가파른 언덕의 학교였다. 교문으로 올라가는 길은 급경사이다. 뒷산이 있고 운동장으로 내려가는 스탠드엔 높은 계단이 많았다. 학교 뒤 아파트군이 있고 길 건너 오래된 가난한 마을에 아이들이 많았다.
 그간 4년 근무 후 이동하던 시스템이 5년으로 바뀌었다. 1967년에 발령받던 때 서울 초등학교는 5등급(A, B, C, D, E)으로 나뉘어져 있었다. 시간이 흘러 3등급(A, B, C)으로 나뉘었다. 좀 더 발전하여 2등급(A)으로 발령을 내더니 드디어 모두 평준화되었다. 교통이 발전하여 서울의 오지가 사라지고 최저 빈곤 생활이 많이 줄어든 것이리라. 강남이 개발되어 강남, 강북이 차별화되었지만 교사들은 이제 집과 근무지가 가까운 곳을 선호하게 되었다.
 군계일학(群鷄一鶴)이란 닭들 속의 학이다. 환이는 3학년 고만고만한 아이들 속에서 젤 먼저 눈에 들어왔다. 키 큰 사람과 작은 사람은 사는 세상이 다르다고 한다. 미남과 추남의 세계도, 힘센 사람과 약한 사람도, 있는 자와 없는 자도 마찬가지일 것이다. 환이는 키가 커서 맨 뒤에 앉았다. 눈썹이 짙은 미남이다. 운동을 잘하고 주먹이 세고 두뇌가 명석하였다. 수업 중 이해가 빠르며 질문에 큰 소리로 발표를 잘해 주의를 끌었다. 그러나 공부에 관심이 없고 장난과 유머로 교실을 웃음바다로 만들어 버렸다. 그 애의 주변엔 늘 아이들이 모여 시끄러웠다. 남자아이들은 그 애를 따랐으며 우리 반 짱이었다. 어느 날 교실 뒤에 모인 녀석들로부터 돈 얘기가 들려왔다.

"만 이천이야."

"만 오천이야."

"뒤에서 떠드는 녀석들 이리 나와. 왜 그런 거야? 한 사람씩 말해 봐."

청소 대행 사건이었다. 청소하기 싫은 녀석들이 돈 주고 청소를 대신하게 했다. 한 번에 500원씩이었다. 돈을 준다는 녀석이 시간이 지나자 갚질 않았다. 한 번이 아닌 것 같았다. 이런 것도 힘의 원리인가. 약한 녀석들은 돈 준다니까 청소를 했고, 돈 있는 녀석은 청소를 시켰다. 신종 사건 아닌가? 아이들 세계도 어른의 축소판이라고 해야 할까. 생각 못 할 일들이 벌어졌다. 이자 날짜를 계산해서 모두 만 이천 원이 되었다고 하였다. 또 한 녀석은 추석에 할머니가 준 만 원을 학교에 가져와서 자랑하였다. 탐이 난 녀석이 이자를 준다고 만 원을 빌렸다. 그 애는 자기가 사고 싶었던 장난감을 사고 갚질 않았다. 만 원도 이자를 계산하니 만 오천 원이라고 하였다. 이자를 계산해 준 주동자는 환이었다. 아이들은 어려운 일을 환이에게 물어보고 환이는 문제를 해결해 주었다. 이자를 계산해 주고 커미션을 먹기로 한 것이었다. 3학년이 이 정도면 커서 마케팅으로 성공할 소질이 보였다. 그들을 불렀다. 그리고 계산해 주었다. 이자는 받지 말고 원금만 받기로 하였다. 만일 또 이런 일이 일어난다면 부모님을 불러야 한다고 경고했다.

환이는 아이들 속에 두면 안 되었다. 수업 중에 빈들빈들 놀면서 교실을 웃음바다로 만들어 특별 조치에 들어갔다.

"환이 가방 들고 나와! 선생님 앞자리에 앉아."

작은 책상 앞자리는 다리가 긴 환이에게 매우 불편하였다. 다리가 길어서 옆으로 앉을 정도였지만 그를 분리하지 않으면 분위기는 늘 환이를 중심으로 흘러갈 것이다. 칠판 앞이니 꼼짝하지 않고 필기도 하고 듣기도 했다. 문제도 풀고 학습에 참여하였다. 그 좋은 머리가 공부를 하니 효과는 두 배가 넘었다.

가까이 앉아 서슴없이 가정 이야기를 하였다. 환이는 솔직하게 말을 잘했다. 엄마는 마트 야채 코너에서 일하셨다. 아빠는 말기 암 환자로 집에 누워 계신다고 하였다. 집에 가면 누워 계신 아빠, 저녁이면 피곤한 엄마를 보는 환이에게 즐거운 일은 없었다. 그래서 자신의 불우한 처지를 웃음으로 포장하고 있는 것 같았다. 고모 아들이 이름 있는 탤런트라고 하는 걸 보니 인물은 아빠를 닮았고 엄마의 얼굴은 보지 못했지만 아마도 엄마의 두뇌를 닮았을 것이다. 가난하여도 부모에게 좋은 유전자를 물려받았다고 생각하였다.

2학기가 끝나 갈 무렵 환이의 아빠가 돌아가셨다. 우리는 조금씩 조의금을 모으고 나머지는 담임이 채워 얼마를 전달했다. 엄마는 병이 나셔서 환이는 잠시 친척 집에 맡겨졌다. 그래도 환이는 늘 웃는 얼굴로 명랑한 마음을 잃지 않았다. 겨우 10살에 아빠를 잃은 슬픔을 무엇으로 위로할까. 가슴이 저렸는데 아들의 자전거가 생각났다. 아들은 새 자전거를 얼마 타지도 않고 잃어버렸다. 다시 새 자전거를 사 주었는데 곧 중학생이 된 아들은 자전거를 타지 않았다. 지하실에 있는 새 자전거가 생각나서 말을 꺼냈다.

"환아, 너 자전거 있니?"

"아니요."

"선생님 집에 헌 자전거 있는데 주어도 괜찮을까?"

"네, 좋아요."

마침 마을의 개천을 한강 쪽으로 보수 단장 하고 있을 때였다. 자전거 길도 생기니까 환이에게 자전거를 주면 유용하겠다고 생각했다. 그러나 자전거를 어떻게 전달할지 생각이 나지 않았다.

학년이 바뀌어 환이는 4학년이 되었다. 3월 어느 날, 하교 지도하고 교문을 향해 언덕을 오르는데 교문에서 내려오는 환이와 마주쳤다. 그 애는 웃으며 달려 내려와 내 눈을 보며 말했다.

"선생님, 자전거."

"아, 그래. 미안하구나."

환이는 선생님 약속을 기다리다 학년이 끝나 버렸다. 나도 생각하고 있었지만 방법만 찾다가 시간을 놓쳤다. 생각난 김에 얼른 말해 버렸다.

"환아, 너 오늘 선생님 퇴근할 때 집에 같이 갈 수 있겠니?"

"네."

"운동장에서 놀고 있어라."

퇴근하면서 환이와 버스를 타고 집으로 갔다. 옷도 갈아입지 않고 지하실로 내려갔다. 아들이 타던 자전거를 꺼냈다. 새 자전거는 3년 동안 먼지를 뒤집어쓰고 있었다. 자전거를 꺼내 대충 걸레로 닦고 끌어 보았다. 나는 앞장섰고 환이는 자전거를 끌고 가까운 자전거포로 향했다. 이렇게 간단히 해결할 수 있는 걸 해를 넘기다니 미안하기 그지없었다. 머리 나쁜 사람은 고생하며 산다는 말이 내게 맞다고 늘 느끼며 살고 있다. 자전거포에서 체인을 갈고 기름을 치고 닦았다. 아저씨는 멀쩡하니 잘 쓸 수 있다고 했다. 환이가 타 보았다. 아들이 5학년 때 타던 거라 환이에겐 좀 컸다. 무럭무럭 자랄 거니까 괜찮을 것이다. 환이는 자전거에 올라타더니 슬슬 달리기 시작했다. 환이와의 숙제를 끝낸 것이 기뻤다. 환아 잘 가. 난 손을 흔들며 그가 보이지 않을 때까지 서 있었다.

"선생님 제가 커서 탤런트가 되면 〈TV는 사랑을 싣고〉로 선생님 찾고 싶어요."

환이의 말이 생각났다.

아빠(01)

 아버지는 가장이다. 부부의 잘못으로 무너진 가정의 한 아이는 타인에게 분노를 토하며 살아가고 있었다. 현은 재혼 가정의 아이다. 누나는 중학교 1학년이다. 친아빠랑 살 때 가정 폭력으로 엄마가 집을 나왔다. 엄마는 작은 주점을 하다가 단골손님과 마음이 맞아 가정을 가지게 되었다. 자식들은 젊은 총각 아저씨를 새아빠로 맞이해야 했다.
 1학년 수업 첫날이었다. 엄마들도 교실 뒤에 들어와 있다. 학교 소개 비디오 오리엔테이션을 하고 있었다. 모두 영상에 빠져 교실은 조용했다. 침묵을 깬 큰 목소리의 거침없는 말투가 낭랑하게 들려왔다.
 "에이, 잔소리가 많아."
 맨 앞줄에 앉아 있는 빡빡머리의 가장 작은 녀석이다. 모두를 놀라게 한 녀석은 첫날부터 포문을 열었다. 어른인 담임을 전혀 어려워하지 않았다. 말꼬리를 잡고 참견하는 태도는 어린아이 같지 않은 말투였다. 칭찬도 받아들이지 않고 빈정대었다. 매일 아이들과 다투어 전쟁터를 만들었다. 현이 말고도 말썽꾸러기 두 명이 모두 박씨다. 이들을 쓰리 박이라고 불렀는데 그중에서 꼬마 현이가 대장이었다.
 "선생님, 쓰리 박 또 없어졌어요."
 화장실을 보내고 나면 그들은 수업이 시작되어도 교실에 들어오지 않았다.

"쓰리 박 찾아오너라."

수색대가 출동하여 그들을 잡아 왔다. 수업 중에 현이는 맨 앞에 앉아 온갖 참견을 다 했다. 그러나 이해가 빠르고 질문에 대답도 잘하는 두뇌가 명석한 녀석이었다. 수업 준비물은 교과서 외에 아무것도 없이 등교하였다. 목청이 크고 말이 많아 교실 분위기를 흔들어 놓았고, 담임만 없으면 교실을 야생마처럼 뛰어다녔다. 잘 지도해 보려고 칭찬으로 살살 달랬다.

어느 날 아침, 일찍 출근하여 교실 문을 열었다. 몇 명 오지 않은 교실 뒷자리에서 현이가 책상 위에서 악을 쓰며 의자를 던지려는 순간이었다. 반에서 제일 큰 녀석은 공포에 질려 있었다.

"현! 무슨 일이야, 이리 나와! 네 자리가 어디냐."

현장을 들킨 현이는 머쓱하니 의자를 내려놓고 앞으로 와서 앉았다. 이 작은 아이의 힘은 어디서 나온 것일까. 왜 저렇게 분노로 꽉 차 있을까. 현이와의 힘겨루기가 하루의 시작이었다.

국어 단원에 가족에 대한 발표가 있었다. 1학년들의 발표는 한두 마디로 끝났다. 그러나 현이는 준비한 것도 아닌데 의외로 아주 멋지게 자기 가정을 소개했다.

"우리 아빠를 소개합니다. 아빠는 나와 성이 다릅니다. 아빠는 김씨이고 나는 박씨입니다. 아빠는 미남이고 왕자병이 있습니다. 자기 말 안 들으면 화를 잘 내고 맛있는 것을 좋아합니다. 엄마가 만든 칼국수를 아주 좋아합니다."

이렇게 길게 자기 가정의 특징을 요약해서 하는 아이는 없었다. 학원이나 유치원도 다니지 않았지만 훌륭한 표현력과 자신감은 칭찬할 만하였다.

하교 후 길을 건너게 하기 위해 아이들을 줄 세웠는데 현이가 보이지 않았다. 하교를 끝내고 돌아오는 길에 현이가 보였다. 크고 멀쩡하게 생긴 젊은 남자 뒤를 고개 숙이고 따라가고 있었다. 작은 키에 가방은 엉덩이까지 내려오고 긴 우산을 낀 채 고양이 앞의 쥐 같은 모습이었다. 앞에 가는 남자는 현이의 새아빠 김 씨로 보였다. 교실에서 담임 말에 꼬박 말대꾸하던 용기는 어디로 갔는가?

며칠 후 학년 회의를 하는 중에 현이 엄마의 전화를 받았다. 학교에 우산을 두고 왔으니 찾아 달라고 하였다. 나는 이때다 싶었다. 첫 학교생활이니 관심을 갖고 수업 준비물을 잘 챙겨 주라고 말했다.

"여보세요. 매일 가방을 가져가는데 그런 말이 어디 있어요."

갑자기 그녀의 하이 톤의 앙칼진 목소리가 전화선을 타고 들려왔다. 현이처럼 말이 많고 원망을 하는 이유는 다양하다. 회의 중이던 동 학년 교사들 귀에 다 들렸다. 생각지도 못한 돌발 상황에 가만히 수화기를 놓았다. 현이의 생활 태도가 누굴 닮았겠는가?

"김 선생, 왜 듣고만 있어. 젊은 엄마가 나이 든 담임에게 무슨 버릇이야."

"혼 좀 내 주지. 버르장머리 없는 그 말투가 뭐니?"

탓하고 싶지 않았다. 똥이 무서워서 피하나, 더러워서 피하지. 똥을 건드리면 더 냄새만 날 뿐이다. 현이의 학교생활에 엄마의 협조가 전혀 없음을 알았을 뿐이다.

얼마 후 현이 엄마는 남산만큼 큰 배를 내밀고 나타났다. 나에게 큰 소리로 항의하던 건 다 잊어버렸다. 그녀의 말투와 현이의 말투가 닮았다. 현이의 학교생활은 관심이 없고 자기 과거를 늘어놓았다. 전남편의 흉을 보고 새 남편 만난 행운을 자랑하러 왔다. 새 남편의 아이를 가진 것이 행복하다는 것일까. 아들에 대해선 한마디 묻지도, 들으려 하지도 않고 가 버렸다.

2학기가 되었다. 현이는 발표하기를 좋아해서 앞에 나와 새로 태어난 동생에 대해 말했다.

"우리 아기는 김씨입니다. 동생과 나는 성이 다릅니다."

그러더니 아빠의 성을 박씨로 바꾸기도 했다. 현이의 마음을 누가 잡아 줄까? 학년을 마무리하면서 일기상이 수여되었다. 1년 누적된 일기는 학년에서 정해진 기준으로 뽑았다. 현이에겐 해당이 되지 않았다. 또 현이 엄마 항의 전화를 받았다.

"현이에게 왜 일기상을 주지 않았어요? 잘 쓴다고 칭찬했잖아요."

"더 잘 쓴 아이들이 많아요. 우리 반 여자애들은 모두 잘 씁답니다."

"그럼 칭찬이나 말지."

일기 검사 첨삭 지도에 잘 쓴다고 칭찬한 걸 물고 늘어졌다. 일기 검사는 지도 차원에서 칭찬한 것이다. 상은 상대평가로 선정하는 것이다. 여자아이들은 글씨도 내용도 반듯하여 우열을 가리기 힘들었다. 현이의 일기는 상 받을 수준이 절대 아니다. 모자의 비상식적인 태도는 생각하면 불쾌하지만 직업이니까 사고만 안 나면 다행이었다.

2학년으로 올려 보내며 현이에게서 해방되었다. 문제아 하나는 열 명보다 힘들다. 현이는 새 담임 젊은 교사를 힘들게 하며 지내고 있었다. 친구들에게 새로운 거짓말을 만들어 자기는 원래 김씨였는데 학교에서 잘못해서 자기를 박씨라고 했다고 했단다. 저학년 아이들은 그 애의 말을 이해하지 못하고 알려고도 하지 않았다. 머리 좋은 현이는 친아빠 박 씨와 새아빠 김 씨 사이에서 괴로운 시간을 만들어 가고 있었다.

어느 날 저녁, 집 근처 지하철역을 지나고 있었다. 어슴푸레한 상점 빛에 현이 엄마가 보였다. 현이 동생 아기를 유모차에 끌고 있었다. 피하고 싶었는데 반갑게 인사를 했다.

"선생님, 안녕하세요? 저기 현이 친아빠예요."

"아, 네에."

옆에 후줄근한 40대 작은 남자가 보였다. 현이가 아빠를 닮아 작았구나. 전남편을 내게 소개하는 의도가 뭔지 할 말, 못 할 말 가리지 않는 현이 엄마가 불편하였다.

'최소한의 예의도 없는 사람아, 당신들 아들 때문에 내가 얼마나 힘들었는지 모르시지요.'

얼마 후 현이의 전학 소식이 들렸다. 친아빠가 남매를 데리고 살기로 했단다.

이제야 현이는 새아빠 김 씨에서 해방되었다. 박씨끼리 살게 된 현이의 학교생활이 안정되었을까?

개놈의 새끼(01)

철이는 입학 첫날부터 눈에 띄었다. 얼굴색이 검고 피부가 가칠하고 입술이 파리했다. 작고 왜소한 아이였다. 학습 준비는 기본적인 것도 갖추지 못했다. 아이들과 충돌이 잦았다. 수업 중 5분을 앉아 있지 못했다. 의욕이 전혀 없어서 엄마랑 상의하고 싶었다.

토요일 하교 시 문방구 앞에서 철이를 기다리고 있는 엄마를 보았다. 엄마는 30 전후의 젊은 여인이었고 옆에는 여동생이 있었다. 이 기회를 놓치지 않으려고 철이 엄마에게 가까이 갔다.

"안녕하세요? 철이 담임이에요."

그녀는 날 보자 짜증이 가득한 얼굴로 외면하였다. 늙은 선생이 못마땅한가 보다. 신경이 쓰였던 걸까. 오해를 산 것 같아 그것으로 끝냈다. 철이 주위는 늘 시끄럽고 고발이 빗발쳤다. 철이의 입에서는 늘 욕이 나왔다. 특히 '개놈의 새끼'가 단골 욕이었다. 하루 종일 입에 달고 살았다. 매로 다스린다고 입버릇이 고쳐지지는 않는다. 어떻게 할 것인가. 고민이 많았다. 마침 아침 신문에 등장하던 새로운 뉴스가 생각났다

'게놈 프로젝트' 칠판에 커다랗게 썼다.

"얘들아, 너희들 '게놈 프로젝트'라는 말을 들은 적 있니? 철이가 게놈 게놈 하는 소리를 많이 들었단다. 오늘 선생님이 게놈에 대해 설명하겠어요. 좀 어렵지만 들어 보세요.

게놈이란 사람의 염색체를 풀이하여 놓은 것이란다. 사람의 염색체에는 유전 인자가 있는데, 이 유전 인자로 인해 사람의 여러 가지 모습과 성격, 소질 또는 질병도 유전이 된단다. 이것을 연구하여 알아낸 것이에요. 과학이 빨리 발전하여 인간의 불편함을 해결할 수 있단다. 질병의 치료가 앞당겨질 것이고 이외에도 많은 일들이 있지만 너무 어려우니까 여기까지만 말해야겠다. 박사님들이 더 연구해야 할 거야.

철아, 아빠도 연구하시는 박사님이시니? 게놈을 연구하시니?"

철이는 고개를 흔들었다.

"그렇구나. 난 철이가 게놈, 게놈 해서 아빠가 게놈 연구를 하시는 줄 알았네."

그 후 철이는 '개놈의 새끼'라는 욕을 하지 않았다.

1학기가 끝나 갈 즈음 철이가 쪼르르 달려 나왔다.

"선생님, 오줌에 피가 나와요."

"피가 나와? 어쩌면 좋으냐."

철이는 점점 더 말라 가고 있었다. 어린 것이 혈뇨라니 분명 탈이 난 것이다. 철이를 데리고 양호실로 달려갔다. 양호 교사는 곧 건강 검진이 있다고 알려 주었다. 검진이 실시되어 소변 검사를 하였다. 결과는 혈뇨였으며 신장에 이상이 있으니 치료하지 않으면 더 나쁜 상황이 될 수도 있었다.

가정 통신문을 보내고 아빠를 만났다. 젊고 싱싱한 아빠의 얼굴은 어두웠다. 내 말에 그리 놀라지도 않았다. 치료하고 있다고 말했다.

여름 방학이 끝나고 2학기가 되었다. 철이는 볼에 살이 붙어 얼굴이 편안해 보였다. 방학 동안에 할머니와 함께 있었다고 했다. 할머니 밥이 보약이었고 혈뇨는 치료된 것 같았다. 그간 철이 부모는 이혼했다. 이혼 과정에서 개놈의 새끼라는 욕이 엄마의 단골 메뉴였나 보다. 엄마하고 싸우는 걸 본 어린 철이도 괴로웠을 것이다.

이혼 과정은 어른들만 힘든 게 아니다. 아이들은 더 힘들고 병들고 일생의 상처로 남는다. 자녀를 갈라놓으며 자신들의 괴로움만 떨쳐버리려는 이기심이다. 자식의 인생 반은 부모의 책임이다. 90년대를 들어서면서 달라져 가는 가정의 변화가 보였다. 참지 못하는 젊은 부부의 갈등과 자녀들에 대한 무책임이다. 이혼이야 두 사람 사이의 문제지만 아이들은 어이없는 피해자가 된다. 뿌린 씨를 거두고 그들이 성인이 될 때까지 책임을 져야 한다. 세상에 태어난 아이들에게 부모가 불행을 준 책임을 어떻게 보상할 것인가?

인터넷(02)

식이는 울보였다. 마음대로 안 되면 울음보를 터뜨렸다. 오늘도 수학 시간에 식이의 울음소리가 교실을 덮었다. 수학 한 단원이 끝나면 짝이랑 하는 게임이 나온다. 이기면 사탕을 두 개, 지면 한 개씩 받았다. 그러나 오늘은 사탕이 다 떨어져서 이긴 사람만 한 개씩 주었다. 식이는 져서 사탕을 받지 못했다. 그래서 식이의 울음보가 터졌다.

"아앙~"

"짝아, 오늘 식이에게 양보하렴. 다음에 선생님이 두 개 줄게."

"네."

짝이 사탕을 양보했다. 그러나 한번 터진 아이의 울음은 끝나지 않았다. 고집불통이었다.

"그만 울어."

"시끄러워."

동갑내기 아이들이 항의했다. 큰 울음소리로 수업을 진행할 수 없어 식이를 끌어내어 복도에 세웠다.

"너, 여기서 실컷 울고 다 울면 교실로 들어와."

교실 문을 안에서 잠갔다. 식이는 교실 문을 발로 차고 주먹으로 두드렸다. 소리를 지르며 유리창을 깨려고 홀짝홀짝 뛰어 보지만 키가 작아서 닿질 않았다. 옆 반 담임이 나왔다. 시끄러워서 같은 층에 있는 다른 반까지 수업을 진행할 수 없게 만들었다. 순시하던 교감이 나타났다. 교감은 그를 달래 보았지만 식이는 교감을 주먹으로 때리고 난동을 부렸다. 교감은 식이를 데리고 갔다. 끌려가며 우는 소리가 학교를 뒤흔들었다. 얼마 후 교감은 식이를 데려와 다시는 울지 않을 거라고 했다. 무슨 방법을 썼을까. 교감이 가고 교실로 들어온 식이는 다시 울기 시작했다. 가정환경조사서를 뒤졌다. 3학년에 형이 있었다. 인터폰으로 연락하여 형을 불렀다. 교실로 들어온 어린 형의 표정은 매우 긴장되어 있었다.

"식이 형이니? 식이가 울음을 멈추지 않는구나."

"왜 우는데요?"

어린 게 형이라고 담임이 자기 동생을 때렸나 하는 표정으로 물었다. 자초지종을 말하고 동생을 데려가라고 했다. 그 형도 식이의 고집을 꺾지 못했다. 형이 가도 울음소리는 끝나지 않았다. 공부도 할 수 없는 이 상황을 어찌할까.

수업과 상관없는 인터넷 만화 사이트를 열었다. 화면의 만화는 빠르게 돌아가고 아이들은 모두 집중하였다. 어느새 식이의 울음소리는 잦아들기 시작하더니 만화 대화 소리에 묻혀 없어지고 말았다.

휴우, 인터넷이 묘약이구나. 그 후 가끔 집중이 안 되고 소란스러울 때, 하교 시에 잠깐씩 인터넷 만화의 도움을 받았다. 인터넷은 모든 사람의 동작을 멈추게 한다.

가을 운동회 연습이 시작되었다. 해마다 하는 이 운동회는 연습할 때의 고충이 아이들보다 교사들에게 더 심했다. 일본식 교육의 잔재

인 학년 매스 게임은 지옥의 시간이다. 아이들은 땡볕에서 덥고 목마
르고 지루해했다. 연습이 끝나 교실로 들어가려는데 식이가 자리에
서 움직이지 않았다. 식이의 두 발은 자석처럼 운동장에 붙었다. 다
음 시간은 2학년 차례니까 자리를 비워야 했다. 2학년들이 몰려나왔
다. 그래도 식이는 움직이지 않았다. 연습을 마친 1학년은 모두 교실
로 들어갔다. 2학년 교사들까지 달래도 소용없었다. 할 수 없이 2학
년 교사 몇몇이 그 애를 끌고 현관까지 왔다. 식이 빼고 모두 교실로
들어가고 난 현관 앞에 앉았다. 옆 반 담임에게 사고뭉치 교실의 40
명을 부탁한 후 울고 있는 식이를 지키고 있었다. 일터에 있는 엄마
를 전화로 불렀다. 식이 엄마가 달려왔다.

"식이 어머니, 집에서도 고집을 피우나요?"

"네."

어쩌다 식이는 고집쟁이가 되었을까. 인터넷으로 잠시 멈추게 한
식이의 울음은 위험하다.

인터넷 세상은 신기한 기쁨과 보람을 만들어 냈다. 고속으로 발달
한 인터넷은 세계를 하나로 만들었다. 그리고 인터넷 유혹은 새로운
중독 현상을 가져왔다. 내성이 생긴 오락성 게임은 도파민의 분출로
희열을 느끼게 하여 뇌의 한곳을 죽인다. 결국 인간 교류가 없어 심
각한 사회 현상을 만들어 내었다. 게임 중독과 온라인 도박으로 인해
전두엽, 측두엽이 멈추고 후두엽만 움직이면 파충류 같은 반응이 나
타난다고 통계에서 말한 적이 있다. 새로운 정신병인 은둔형 외톨이
와 게임 중독은 스마트폰 시대가 만든 마의 세상이라고 생각되었다.
중독은 이기적이 되고 우울증을 낳는다. 우울증은 자살이나 사고를

유발한다. 문명과 문화의 발달은 편리함을 가져오고 심각한 후유증도 따라왔다.

2세 때까지 어린아이의 뇌가 70% 형성된다고 한다. 요즘 0~4세 아기들에게 영상을 보여 주는 젊은 부모가 46%라는 통계가 나왔다. 영상에 빨리 노출된 아이들은 쉬운 것을 먼저 알게 되면 어려운 것은 하지 않으려 했다. 중독의 책임자는 부모이다. 아이들에게 선택은 없다. 그들의 의사를 알 필요는 없다. 아직 발달되지 않고 판단력이 없는 아이들에게 자식 사랑이라는 명목으로 끌려다니는 부모는 성장이 끝난 자식을 책임질 수 없게 된다. 이제 시대가 변해서 25세까지 청소년으로 보아야 한다는 설이 있다.

고양이나 강아지도 새끼 때에 길들이듯 사람도 마찬가지다. 나무도 어린 나무일 때 잘라 주며 건강하게 만들 수 있으나 고목은 손댈 수 없는 것과 같다. 지식 교육보다 우선해야 할 것은 인성과 좋은 습관이다. 만 6세 전에 인성이 만들어진다고 하였다. 세 살 버릇 여든까지 간다는 우리의 속담이 말해 주고 있다.

관계(02)

작년에 이어 1학년을 하게 되었다. 예전에 1학년은 경합 학년이라 1학년을 맡기 어렵던 시절이 있었다. 새천년 이후 1학년은 선호 학년이 아니다. 오히려 1학년은 기피 학년이 되어 연속으로 희망해도 되었다. 내가 1학년을 다시 하고자 한 것은 교실 때문이었다. 작년 교실은 어둡고 추워서 몸이 많이 상했었다. 새 교사를 지은 곳은 1학년 전용이고 남쪽이라 환하고 밝고 따뜻했다.

2002년은 특별한 해이다. 6월 한 달간 우리나라에서 열리는 역사적인 월드컵을 개최한 해이다. 우리나라 축구는 그리 기대를 안 하고 있었다. 나도 별 관심이 없었는데 시간이 흐를수록 승리하니까 모두의 관심이 집중되고 아이들까지 화제를 올리고 있었다. 이 시간을 놓치면 안 될 것 같아 화방을 찾았다. 보디 페이팅 물감을 구하러 간 것이다. 물감은 작은 튜브에 들어 있는 오래된 것뿐이었다. 그래도 그것이라도 구입했다. 세 가지 색을 샀다.

학교에서도 쉬는 시간이면 교실 화면에 축구 중계를 틀어 주었다. 아이들에게 나의 계획을 말하고 원하면 보디 페인트를 볼 양쪽에 그려 준다고 했다. 개구쟁이들은 좋아했다. 분단별로 나와서 한 사람씩 눈 밑 양쪽에 빨강, 노랑, 파랑색을 그려 주었다. 모두 월드컵 응원자가 된 것이었다. 기념사진을 한 장 찍었다. 얼마 후 보디 페이팅 공장에서 많이 생산해 내었는지 광화문에 모인 응원 인파는 얼굴에 아주 크게 페인팅을 하고 있었다. 우리 반에서 소심하게 시작한 보디 페인팅이 언제 저렇게 유행이 되었을까.

물감 양이 적어서 더 쓸 수 없었다. 그 후 립스틱을 사용하여 립스틱 붓으로 한쪽 뺨에 그려 줬다. 하루의 학습량을 다 채우고 알림장을 쓴 후 하교하기 전 원하는 녀석들은 내 앞에 줄을 서서 얼굴을 내밀었다.

커피색 립스틱을 작은 붓으로 남자는 초승달과 별, 여자는 꽃을 그려 주었다. 수줍은 녀석은 한 번도 참여하지 않았지만 자기 선택이니까 강요는 하지 않았다. 월드컵 경기는 우리에게 많은 자신감과 자부심을 안겨 준 대회로 끝났다.

2학기가 되어 찬이가 전학을 왔다. 전학 온 첫날부터 주목을 끌었다. 흰 얼굴에 안경을 쓰고 키가 큰 지적인 첫인상이 멋졌다. 낭랑한 목소리로 자기를 소개했다. 짧은 영어를 섞으니 어리벙벙한 녀석들로 가득 찬 우리 교실이 환해지는 느낌이었다. 아직 영어가 시작되기 전이지만 찬이는 몇 마디 영어를 하고 노래도 했다. 먼저 다니던 학교에서 배웠거나 앞서가는 엄마가 개인 교습을 시켰을 수도 있었다. 씩씩하고 발표도 잘하니까 여자아이들의 눈이 찬이에게로 쏠렸다.

남자애들은 길들여지지 않은 망아지 같아 야성적이었다. 늘 뛰고 뭉쳐 장난으로 하루를 보냈는데 찬이는 반 분위기와 다른 특별한 존재였다. 찬이는 칭찬받고 여자아이들이 좋아하니까 남자아이들은 본능적으로 찬이에게 이질감을 느꼈던 것 같았다. 집단으로 괴롭히는 것이 보였다. 일 대 다수로 다툼이 일어났다. 찬이는 굴하지 않고 싸웠다. 눈에 보일 때마다 경고를 했지만 멈추지 않은 것 같았다. 왕따는 동질감이 떨어지면 생길 수 있다. 부족해도 뛰어나도 인간의 집단 괴롭힘은 인간이 존재하는 한 없어지지 않을 것이다.

어느 토요일, 찬이 엄마가 교실 앞에 나타났다.

"선생님, 안녕하세요? 저, 이거 햄버거예요."

"찬이 생일인가요?"

"아니요. 친구들과 사이좋게 지내라고 제가 신고하는 거예요."

찬이 엄마는 차분하고 고상했다. 찬이가 전학생으로 반에서 남자애들의 공격을 받는 걸 알고 있었다. 햄버거 40개는 대단한 간식이다. 코 아래 진상이 최고라고 먹을 것으로 신고식을 한다는 생각이 들었다. 이 고급진 먹거리 햄버거 냄새가 교실을 진동했다. 아이들은 코를 벌름거리며 조용히 기다리고 있었다.

"얘들아, 찬이와 사이좋게 지낼 사람 손 들어. 너희들이 찬이와 사이좋게 지낼 것을 약속했으니 찬이 엄마의 선물을 나누어 주겠다."

토요일 햄버거의 간식은 잠시 행복을 주었다. 그 후 찬이에 대한 공격은 사그라드는 듯했다. 그러나 틈만 나면 으르렁거렸다.

"이 녀석아, 찬이 엄마에게 미안하지 않아? 사이좋게 지내야지."

햄버거의 뇌물을 걸고 아이들을 통제하여 찬이는 조금씩 아이들 속으로 스며들고 있었다.

첫 시간이 끝나자 찬이가 교실 앞으로 뛰어나왔다. 그리고 내 귀에 대고 속삭였다.

"선생님, 비밀이 있어요. 저 재아와 결혼할 거예요. 재아가 매일 전화해요."

"그래? 엄마도 아시니?"

"아니요. 아직 말 안 했어요."

"그래, 아직 말씀드리지 마라. 마음이 바뀔지도 몰라."

"네."

터져 나오는 웃음을 참고 평정을 유지했다. 말괄량이 재아는 전학생 찬이가 젠틀하고 멋진 것을 알아차렸다. 재아는 찬이에게 전화하며 접근한 것이다. 순진한 찬이는 극성맞은 재아에게 끌려 들어갔다. 교실에서 서로 소통하고 즐거운 시간을 갖는 것이 중요하다. 상대방의 좋은 점을 발견하고 접근하는 것도 필요하고 전화를 걸고 친하게 지내는 연습을 많이 하며 자라야 한다.

수업이 끝나 갈 무렵 예쁘고 착한 선아가 울기 직전이었다.

"선아야, 왜 그래?"

"국이가 놀려요."

국이는 종이에 뭔가를 그리느라 내게는 관심도 없었다. 국이 앞으로 다가갔다.

"국아, 이리 줘."

국이는 자기가 쓰던 종이를 손에 꾸겨서 쥐고는 내놓지 않았다. 아이들은 어떤 경우에도 선생님이 달라면 포기하고 내어놓는다. 그 애는 내 손을 완강히 거부하고 손을 펴지 않았다. 이내 다른 손 주먹으로 내 손을 내려치기 시작했다. 주먹은 매섭고 단단했다. 내 손은 벌겋게 부어오르고 있었다. 분노의 힘은 무서웠다. 엄지 쪽 뼈가 아프지만 결국 손을 펴서 종이를 빼앗아 잡았다. 종이엔 시커먼 귀신을 그려 놓고 선아의 이름을 썼다. 국이는 분노 조절 장애가 있는 것 같았다. 입학식 때부터 보이기 시작한 그 애의 감정을 나로선 감당하기 힘들었다. 엄마가 오지 않은 입학식에 줄 서서 교실로 들어가려 할 때였다. 여자 짝과 손을 잡자고 권유한 것이 그 애의 감정을 건드린 것이다. 국이는 여자 짝과 손잡기 싫다고 소리를 지르며 줄에서 이탈했다. 운동장을 가로질러 도망가고 있었다. 엄마들이 쫓아가 잡으려 했지만 국이는 이미 사라진 뒤였다.

하교 준비를 할 때였다. 칠판에 알림장을 쓰던 중 갑자기 비명이 들렸다. 동시에 책가방이 칠판 앞으로 날아와 내 발 앞에 떨어졌다.

"누구니? 왜 그래."

국이는 자리에 서서 주먹을 불끈 쥐고 부들부들 떨고 있었다. 선생님 말도 들리지 않았다. 그 아이의 분노와 원망을 담임이 풀어 줄 수 없었다. 칠판 앞에 떨어진 가방을 주워서 국이의 자리로 가져갔다. 그리고 책가방을 싸 주었다. 분노 조절 장애는 애정 결핍이다. 엄마는 어린이집을 한다. 어린 시절에 엄마를 독차지하고 사랑을 듬뿍 받을 시기에 어린이집 여러 아이들과 집단으로 길러진 것이 국이에겐 치명적이었던 것 같았다.

아침에 찬이의 사랑의 고백을 들었다. 하교 시간에 있었던 국이의 괴성과 폭력적인 행동이 안타깝기만 하였다. 아침의 해와 저녁의 소나기가 교차하듯 하루를 보냈다. 달콤함과 씁쓸한 일들은 우리 일상에 늘 따라다닌다. 국이의 엄마와 깊은 대화와 상담을 하지 못한 것이 몹시 아쉽지만 그럴 시간도 내지 못하는 국이네 가정사를 도와줄 수 없는 것도 답답할 뿐이었다. 찬이와 국이의 아주 다른 성격이 좋은 것은 더 좋게 나쁜 것은 더 나쁘게 커질 수도 있다.

실종 사건(02)

1학년은 급식이 없어서 5교시가 있는 날엔 도시락을 싸 왔다. 일주일에 한 번이었다. 모두 점심시간을 기다리며 설레어했다. 도시락을 예고하면서 우리 전통 음식 김치를 설명해 주었다. 김치는 세계에 자랑할 만한 우리의 전통 음식이다. 유산균이 있어 소화도 잘되고 비타민이 풍부한 자연 영양식이다. 요즘 아이들이 김치를 안 먹는다는 말을 들었기에 의도한 것이었다. 김치 한 쪽이나 깍두기 한 개라도 먹도록 권유했다. 그 후 아이들은 점심시간에 서로 김치 먹는 걸 자랑했다.

식사 지도를 한 후 교무실에 볼일이 있어 잠깐 교실을 비웠다. 모두 맛있게 점심을 먹었을 무렵, 교무실로 돌아와 보니 청이 자리에 보온 도시락 뚜껑이 열린 채 아이는 보이지 않았다. 시간이 지나도 돌아오지 않았다.

"청이 어디 갔니?"

"몰라요. 종 치니까 나갔어요."

행동대원들에게 청이를 찾아오라고 했다. 행동 빠른 녀석들이 뛰어나갔다. 여기저기 운동장이나 교사 뒤까지 돌아보고 헐레벌떡 뛰어 들어왔다

"선생님, 청이 없어요!"

교실에서 없어지다니, 이런 이상한 일도 있다…. 실종? 유괴? 누가 왜? 아니 집으로 갔나? 청이네 집으로 전화를 걸었다.

"여보세요? 청이네죠. 청이 집에 있나요?"

"네? 학교에 있지요."

"청이가 없어졌어요."

"어머, 이게 무슨 일이야. 지금 갈게요."

청이 엄마와 형이 달려왔다. 청이는 늘 자기 형이 자퇴했다고 내게 자랑하였다. 그 뜻이 뭔지 모르고 한 말이었을 거다. 형은 노랑머리였다. 엄마와 형은 원망과 불만이 가득한 얼굴로 불평을 쏟아 댔다.

"우리 아이가 잘 못하는 거라곤 김치 안 먹는 것밖에 없어요."

"그래요? 그것 때문이었나? 김치가 영양이 좋다고 했지. 못 먹는 걸 강제로 먹일 순 없지요."

"방송에선 어느 학교에서 우유 토한 것을 선생이 먹으라고 했다네요."

"……?"

토한 우유를 먹으라는 교사가 있다는 말도 안 되는 보도가 있었다니, 교사는 온 나라의 북인가? 적인가? 기자들의 하는 일은 사회의 정의를 위한 것도 가끔 있지만 학교에 대해서는 날조된 보도를 한다고 생각되었다. 청이는 점심시간이면 도시락 뚜껑을 열어 놓고 이것저것 장난하였다. 점심을 안 먹어도 비만에 가까웠다. 인스턴트나 간식을 입에 달고 있는 듯했다. 도시락 뚜껑을 열고 선생님이 안 보이니 밥 먹기 싫어서 나가 버린 거였다. 5교시는 잠시 옆 반에게 부탁하였다. 엄마와 형과 함께 학교를 뒤지기 시작했다. 벌써 5교시가 끝나 가고 있었다. 교실에 있는 40명들은 담임이 없어 얼마나 소란할까. 한숨을 고르고 본관 뒷마당에 서 있는데 현관에서 청이의 얼굴이 보였다.

"청, 이리 와."

청은 엄마, 형, 선생님을 보자 더 느릿느릿 걸어왔다.

"너, 어디 갔다 오는 거니?"

"기~냥."

"왜 그랬어?"

"기~냥."

청이는 점심시간과 5교시를 본관 4층에서 배회하였다. 형들이 공부하는 것을 기웃거리며 시간을 보냈다. 그 애의 말대로 그냥이다. 담임이 하교 지도하러 나갈 때의 시간을 기다렸다 빈 교실로 돌아와 가방 들고 집에 가려는 계획이었다. 20평 공간에 있는 40명의 아이들에게도 어른의 세상처럼 다양한 일들이 날마다 일어났다. 자기 하나쯤 없어도 선생님은 모를 거라고 생각했나 보다.

청이 엄마와 형은 담임을 원망하는 눈빛이 이글이글 타올랐다. 청이는 나이 많은 부모와 차이가 큰 형 밑에서 사랑받으며 자라고 있었다. 청은 남을 괴롭히거나 교실을 소란하게 하지는 않지만 집중력이 약하고 늘 딴짓을 한다는 게 문제였다. 청이가 쓴 일기가 생각났다.

'아빠랑 산에 가다가 오줌을 쌌다. 아빠 오줌은 멀리 나갔다. 아빠의 고추는 크고 털이 많다. 내 고추는 작아서 배를 내밀어도 오줌이 멀리 나가지 않는다.'

갑자기 웃음이 터져서 웃으며 말했다.

"찾았으니 됐어요. 이 녀석아, 선생님은 너 없어져서 돌아가실 뻔했어."

실종 사건으로 5교시 수업을 날렸지만 원상으로 돌아와 하루를 무사히 마쳤으니 다행이었다. 김치 먹으라는 걸 확대해석한 일이 아동 실종의 원인이었다.

엄마(여)

1학년 입학하고 3월 한 달간은 《우리들은 1학년》 교과서 한 권을 공부한다. 학교생활을 소개하는 오리엔테이션이라 누구나 쉽게 할 수 있는 수업이다. 교과서에 직접 쓰고 그릴 수 있다. 과제를 주고 궤간 순시하며 확인하고 도장을 찍어 준다. 맨 뒤에 앉아 있는 재아 자리로 갔다. 재아는 아무것도 하지 않고 놀고 있었다.

"재아는 왜 안 할까?"

"엄마가 없어요."

"이건 엄마가 할 일이 아닌데. 네가 해야 하는 거야. 지금 교실에 엄마 있는 애들 없잖아."

재아는 엄마가 없다는 커다란 가슴의 상처를 선생님께 고발하고 싶었다. 입학식에도 엄마가 오지 않았다. 재아의 부모는 이혼한 것 같았다. 재아 아빠는 부모의 노후 자금까지 끌어 쓴 사업에 실패했다. 부부의 싸움은 결국 엄마의 가출로 끝났다. 경제적으로 힘든 조부모에게 양육되어 재아의 마음은 늘 허전했다. 재아는 스트레스를 학교에서 풀고 있었다. 여아지만 키도 크고 힘도 세고 활발했다. 남자아이들과 몸싸움에서도 절대 지지 않았다. 날마다 싸움으로 엄마들의 항의 전화가 걸려 왔다. 1학년 엄마들의 항의는 자기 아이들에게 피해가 올까 봐 늘 노심초사이다.

재아 할머니는 급식 당번이면 어기지 않고 참여했다. 오히려 젊은 엄마들은 가끔 약속을 어기지만 노인들의 충성스러운 태도는 젊은이가 따라가지 못한다. 할머니는 꼭 박카스 한 병을 들고 오셨다. 누구보다 열심히 손녀의 뒷바라지를 하며 하소연하셨다.

"재아 오빠가 있어요. 남매가 머리가 커질수록 말을 안 들어요. 힘이 빠집니다. 그리고 재아가 사시여서 아이들의 놀림감이 되지 않을까 걱정이에요."

할머니의 한탄은 내게 큰 짐이 되었다. 재아의 부산스러움과 아이들과의 다툼, 엄마들의 항의를 말할 수 없었다. 인생에 지친 할머니에게 위로의 말을 해 드렸다.

"재아의 눈은 크게 나쁘지 않아요. 아이들은 더욱 몰라요. 아이들과의 다툼은 눈 때문이 아니에요. 성격이 활발해서 남자들과 맞서는 거지요. 키도 크고 인물도 좋아요. 성격이 외향적이라 지금 시대에 맞습니다. 씩씩한 여성으로 잘 자랄 거예요."

이 위로의 말이 할머니에게 희망이 되기를 기대했다. 재아는 나의 관심으로 학교생활에 잘 적응해 나갔다. 입학 때보다 많이 차분해졌다.

재아는 건넛마을에 살고 있다. 이곳엔 학교 뒤편 아파트보다 어려운 아이들이 많았다. 이 아이들은 하교 시에 꼭 교통 지도를 했다. 큰길 빌딩 뒤를 지나갔다. 빌딩의 그늘 밑에서 우린 잠깐 놀다 갔다. 가위바위보로 편을 가르고 손을 잡고 노래를 불렀다.

"우리 집에 왜 왔니. 왜 왔니. 왜 왔니."

"무슨 꽃을 찾으러 왔느냐. 왔느냐."

"재아 꽃을 찾으러 왔단다. 왔단다."

"와아~"

몇 번을 서로 손을 잡고 끌어당기며 놀다가 문득 제정신이 돌아왔다. 놀 때가 아닌데, 할 일 많아. 교실 정리도 해야 하고….

"자, 이제 가자. 엄마 기다리신다."

"선생님, 더 해요. 괜찮아요."

재아는 기다리는 엄마도 없고, 학원도 가지 않으니 더 놀고 싶었던 거다.

"더우니까 아이스크림 사 줄까?"

"네…."

"비밀 지키면 사 주지."

"비밀 지킬 거예요."

줄 서서 하교하는 것이 싫어서 도망간 녀석들을 염두에 둔 말이었다. 이마에 맺힌 땀방울을 식히는 달콤한 아이스크림을 입에 물리고 내일을 약속하며 헤어졌다. 그러나 비밀은 지켜지지 않았다. 어제 도망간 녀석들이 슬그머니 줄에 서 있었다.

어느 겨울날 망토를 걸치고 출근하였다. 하교할 때 바람이 불었다. 길을 건너기 전 재아는 망토 속으로 파고들었다.

"나도, 나도."

망토 속으로 파고든 아이들은 암탉이 병아리를 품은 듯 속에서 재잘거렸다. 불룩한 망토로, 불편한 걸음으로 길을 건넜다. 길을 건너자

우루루 망토 밖으로 튀어나왔다.

"선생님, 안녕히 계세요."

"그래 안녕. 내일 보자."

재아의 방학 일기 주제는 엄마다. 나에게 엄마가 없다고 고백한 것을 잊은 걸까. 그 애는 거짓말 일기를 날마다 써 내려갔다.

'아빠가 밥을 볶아 주셨다. 엄마는 잠깐 나가셨다. 엄마가 해 주시는 것이 맛있지만 아빠가 해도 맛있다. 엄마는 바빠서 할머니가 밥을 차려 주셨다. 엄마가 너무 바쁘니까 할머니가 밥을 하실 때가 많다. 엄마는 바쁘셔서 나가셨다. 오래 걸릴지도 모른다.'

1학년이 끝나고 2학년 담임이 되었다. 재아는 또 나와 같은 반으로 배정되었다. 재아는 많이 차분해지고 심부름도 잘하고 친구들과 싸움도 하지 않았다. 날씨가 쌀쌀해지는 겨울철이 왔다. 아이들은 모두 예쁜 패딩 점퍼를 입었다. 젊은 엄마들은 겨울철 옷도 예쁜 것으로 한 벌이 아니다. 재아는 키가 쑥쑥 자라서 작년에 입던 옷이 작았다. 크고 허름한 코트를 입었다. 털이 다 빠지고 색도 낡은 코트는 따뜻해 보이지 않았다. 할머니가 어디서 얻어 온 듯했다. 재아가 그 옷을 입은 날이면 웅크리고 자리에서 일어나질 않았다. 고개를 숙이고 앉아 있는 얌전한 모습이 내 눈에도 익숙하지 않았다. 활발하게 움직이는 모습이 오히려 보기 좋았다. 크리스마스가 다가오고 있었다. 학교가 끝나자 재아에게 부탁했다.

"재아야, 오늘 집에 좀 늦게 가도 되니? 선생님과 잠깐 같이 갈 데가 있는데."

"네?"

"할머니가 기다리시지 않을까?"

"아니요. 괜찮아요."

아이들을 하교시킨 후 재아와 택시를 탔다. 인근에 새로 오픈한 쇼핑몰로 향했다. 아동복 코너를 돌았다.

"재아야, 어느 것이 좋으니? 선생님이 크리스마스 선물을 하고 싶은데."

"선생님, 나요, 이런 거 좋아해요. 그런데 저런 게 더 좋아요."

재아는 약간 흥분된 어조로 그러나 서슴없이 말했다. 그녀는 내 생각을 알고 있었다. 얼굴에 웃음이 가득하여 입고 싶은 걸 골랐다. 난 패딩 하나를 사 주려 했다가 예산이 초과되었다. 그러나 다시는 이런 기회가 없을 거 같아 재아가 좋아하는 걸 골랐다. 재아의 웃는 행복한 모습에 나도 행복하였다.

드디어 재아는 그 허접하고 큰 코트를 벗어 버렸다. 유난히 추웠던 그 겨울 내내 내 마음은 따뜻했다.

학년이 끝나고 인근 학교로 전근을 갔다. 따뜻한 5월 스승의날, 재아는 버스를 타고 꽃 한 송이를 들고 달려왔다.

"선생님…."

우린 연인처럼 오랫동안 포옹했다. 3학년이 된 재아는 방과 후에 인근 교회에 무료 공부방을 다닌다고 했다. 공부 때문에 바빠서 자주 찾아올 수 없다니 감사했다. 말괄량이 재아는 어디서나 잘 적응하고 활발하고 명랑하게 살 거다.

공포의 선글라스(03)

입학식 날부터 훈이는 눈에 띄었다. 큰 체격과 잘생긴 외모, 세련된 옷차림이었다. 이 꼬마 신사는 1, 2학년 같은 반을 함께한 특별한 인연이 있었다. 조부모와 부모의 사랑을 듬뿍 받고 자란 외동이었다. 가정에선 많이 허용된 자유를 누렸으며 너무 귀해서 만 2살까지 유동식을 먹였다. 입학 전부터 1학년 과정을 선수 학습시키고 들어와 학교 수업 과정에서 지적인 부족한 점은 없었다. 그러나 학습에 호기심이 없었고 집중력이 부족하였다. 가정환경조사서 특별란에 '우리 아이는 때리지 마세요. 아픈 것을 싫어합니다.'라고 씌어 있었다. 그것은 특별한 부탁이 아니라 우리 반 전체가 원하는 것이었다.

교실 수업이 시작되었다. 훈이는 키가 커서 뒤에 앉았다. 그가 있는 주변에 시끄럽게 갈등이 생기고 다음 날에 항의 전화가 이어졌다. 모두 자기 아이는 잘못이 없고 피해를 입었다고 생각했다. 훈이는 친구와 어울리지 못하고 자기 뜻대로 안 되면 울어 버렸다. 키가 크지만 맨 앞자리에 짝 없이 혼자 앉혔다. 그 아이의 자리 주변 1m 반경에 온통 훈이 학용품으로 널려 있었다.

"훈아, 이거 네 거지?"

"아니요."

"여기 이름이 있네."

들은 척도 하지 않았다. 아까운 것이 없다. 늘 옆에서 보살펴 주는 것에 익숙하였다. 엄마의 수업 준비는 지나칠 정도로 완벽하고 넘치게 가져왔다. 늘 준비물이 부족한 아이들은 그 애의 자리로 몰려들어 염치없이 달라고도 했다. 너무 많으니 나누어 주자고 권유해 보지만 하나라도 뺏길까 봐 품에 안고 울어 버렸다.

어느 날, 롤케이크가 생겼다. 먹을 것이 생기면 교재로 썼다. 그날도 롤케이크를 재적수 40개로 잘랐다. 조장에게 흰 갱지와 케이크 조각을 조원 수대로 나누어 주었다. 모두 조용히 맛있게 먹고 있었다. 그때 갑자기 천둥 치는 소리가 들렸다.

"왜 그래? 누가 훈이 꺼 뺏어 먹었니?"

"아니에요. 자기는 두 개 먹겠다고 울어요."

"모두 똑같이 먹어야지. 지금은 남은 게 없어요."

9월 운동회 연습이 시작되었다. 1학년 매스 게임은 땡볕에 아이들이 힘들어했다. 담임들도 땀 흘리고 목이 터지는데 훈이는 나무 그늘에서 혼자 놀고 있었다. 운동회 당일에는 1학년 줄에서 혼자 이탈하였다. 고학년 준비물인 오색 총채를 문방구에서 사서 들고 나타났다. 그 애는 총채를 흔들며 스탠드에서 돌아다니고 있었다.

직장에 있다 늦게 학교에 온 엄마는 아들의 실체를 보지 못했다. 1학년을 마치기 전 훈이 엄마를 만났다. 2학년 올라가기 전에 전문 상담사와 의논해 보라고 권유했다. 그녀는 담임 말을 인정할 수 없다고 우겨 댔다.

"집에서 아무 문제 없어요. 잘 놀고 잘 먹고 말도 잘 들어요. 완벽한 착한 아이랍니다."

"담임 말을 참고해 보세요."

초겨울, 뒷산에서 1학년 자연 학습이 있었다. 담임은 제외되고 자연 학습 강사와 학급 명예 교사 두 사람이 참석하였다. 그 현장 학습장에서 명예 교사 엄마들의 눈에 훈이는 심각하게 보였다. 드디어 엄마들이 훈이네 집에 전화했다. 훈이 엄마는 내 말은 믿지 않더니 학부모들 말에 자존심이 상했는지 학교로 달려왔다. 그리고 여론 조사를 시작했다. 이 아이 저 아이를 붙잡고 탐문 수사 하였다. 훈이가 아이들과 충돌이 잦고, 공부 안 하고 딴짓하며, 시시때때로 울어 대는 사실을 확인했다.

무슨 인연인가. 2학년으로 올라가며 또 나와 같은 반이 되었다. 그러나 나는 교통사고로 한 달의 병가를 내었다. 그간 담임이 없어 강사의 수업으로 아이들의 분위기는 들떠 있었다. 병가를 끝내고 출근한 날이었다. 점심 배식 시간 중에 우레와 같은 울음소리가 소음 속에서 터져 나왔다. 오늘 세 번째 울음이다. 병가 후 아직 완치가 되지 않아 목소리가 나오지 않았기에 힘이 들었다.

"아앙~"

"누가 훈이 울렸니?"

"승이가 훈이 미트볼 집어 먹었어요."

훈이는 지독한 편식주의자였다. 급식에서 좋아하는 것이 나오면 배식하는 엄마들을 졸라서 많이 가져갔다. 뒤에 앉은 대식이가 수북이 쌓인 훈이의 미트볼을 한 개 집어 먹었다. 훈이의 울음이 또 터졌다.

"훈아, 그만 울어. 승이는 미안하다고 사과해."

"미안하다고 그랬어요. 그래도 울어요."

"훈아, 이리 나와. 그만 울어."

울보 왕자 고집쟁이가 내 말을 들을 리 없다. 나는 지휘봉을 집어 들었다. 뚱땡이 50대 여교사가 매를 들고 훈이에게 다가갔다. 훈이와 거리가 조금씩 가까워졌다.

"너, 오늘 맞아 볼래? 죽도록 맞아야 정신 차릴 거야?"

"엄마….."

훈이는 더 큰 소리로 울며 교장실 복도 쪽으로 달려 나갔다. 요즘 셀카나 디카로 찍어 인터넷에 올렸다면 전국이 들끓었을 것이다. 나는 아동 학대 교사로 고발되었겠지. 갑자기 교실이 조용해지고 난 밥맛을 잃었다. 아직 완쾌되지 않은 어지럼증이 나타나는 듯했다. 후유증으로 몸은 퉁퉁 붓고 기력이 쇠진하니 아이들과의 기 싸움에서 밀리고 있었다. 잠시 후 훈이는 할머니와 함께 나타났다. 할머니는 내게 항의하듯 말씀하셨다.

"선생님이 죽인다고 해서 집으로 왔답니다."

한 대 때렸으면 고발당할 뻔했구나. 3월 초 '우리 아이는 때리지 마세요.'라고 쓴 훈이 엄마의 부탁이 생각났다. 이후, 훈이 엄마가 왔다. 훈이를 세워 놓고 엄마랑 의논하고 있는데 복도로 선글라스 선생님이 지나가고 있었다. 순간적으로 뛰어나갔다.

"선생님, 저 좀 도와주세요. 훈이 때문에 못 살겠어요."

"그래요? 그럼 우리 반으로 보내요."

선글라스 선생님은 동 학년 반 담임이었다. 선글라스 선생님은 아무렇지도 않게 말했다. 훈이를 보내라니 정말 잠시라도 떨어져 지내고 싶었다. 이분은 문제아 다루는 달인으로 유명하였다. 눈을 수술하셔서 색안경을 쓰고 다니셨다. 우렁찬 목소리로 운동장 아이들을 통솔하면 아무도 반항하지 못했다. 문제 많은 전 학교에서 다양한 성공 실적을 가지고 계셨다. 담배 피우는 5, 6학년 문제아들도 모두 치료하고 졸업시켰다.

나의 힘은 쇠진하여 왕자를 다루는 힘도 없고 그동안 여러 기술을 써도 효과가 없었다. 드디어 엄마와 의논했다. 훈이 엄마는 선글라스 반으로 잠시 보낼 생각을 했다. 그런데 조건은 때리지 않는다는 각서를 써 달란다. 그러나 선글라스 선생님은 그럴 수 없다고 했다.

"너, 우리 반 와서 매 맞아도 좋아?"

"네."

그런데 훈이는 맞아도 그 반으로 가고 싶다고 했다. 선글라스 선생님은 훈이에게 엄하게 다짐했다. 본인이 원하니까 엄마는 아무 말도 하지 못했다. 훈이는 카리스마 넘치는 남자 선생님에게 매력을 느꼈나 보았다. 가족들은 매를 맞을까 벌벌 떨어도 훈이는 맞아도 좋다는데 어찌하겠는가? 드디어 훈이는 2주만 선글라스 반에서 유학(?)하기로 했다.

선글라스 선생님 반을 가끔 들여다보았다. 훈이는 혼자 앉아 뭔가 열심히 하고 있었다. 선글라스 선생님의 특별 교수 방법으로 길들여지고 있었다. 가끔 야단도 듣고 매도 맞고 잘 있다고 했다. 여름 방학이 끝나면 돌아오겠거니 했지만, 그 애는 돌아오지 않았다. 2학년을 선글라스 선생님 반에서 끝냈다. 나의 지도력에 한계를 느꼈다. 온갖 수발을 들며 여러 방법으로 가르쳐도 이렇게 효과가 없기는 처음이었다. 훈이가 매를 맞으면서 선글라스 선생님 반에서 학년을 마칠 수 있었던 이유가 뭘까? 카리스마 있는 분의 교육 방법이 훈이가 원하던 거였나. 온 가족이 왕자 대접을 한 것에 식상한 것일까? 할머니 같은 담임 선생님도 집에 있는 엄마나 할머니와 같아서 권태스러웠나. 훈이의 마음을 알 수 없이 허무하게 2학년을 끝냈다.

훈이와 선글라스 선생님과의 관계는 참으로 미스터리하였다. 선글라스 선생님 역시 문제아의 달인이심을 인정했다. 교사와 학생도 인연이 따로 있는 것 같았다. 문제아 실패담을 반성해 보았다. 마땅히 감사드리고 밥 한 끼라도 사 드려야 하는데 그냥 스쳐 버린 시간에 매우 송구스러운 생각이 들었다.
선생님, 늦었지만 이 지면을 통해 감사드립니다. 술 한잔 대접하고 싶습니다.

5부
퇴직한 마지막 학교

[04~07]

2004년 10번째 학교 2학년 학급 사진

조폭 마누라(04)

열 번째 학교로 이동하였다. 20년 전 근무하던 학교이다. 옛 학교는 낭만이 있었다. 지금은 뒤 교사 사이의 연못이 사라졌고 텃밭을 가꾸던 빈터는 교실 건물로 바뀌었다. 그때 학교들은 운동장 한구석이나 빈터에 동물도 기르고 텃밭도 있어 아이들의 정서에 도움이 된 곳이 있었다. 학교나 마을이나 모든 공터가 없어지고 도시화되어 서운하였다. 마지막 근무지이고, 퇴직까지 3년 반이 남았다.

오자마자 2학년을 하게 된 것은 나도 늙었다는 것이었다. 이동하던 해는 늘 4학년이 단골이었던 것이 저학년으로 바뀐 것이다. 또 바뀐 것은 저학년 촌지가 사라지고 고학년 교과 교사가 생겨서 수업 일수가 다 같아졌다. 학년 배정의 비리가 사라진 새로운 세상이 된 것이다.

이 마을에 드문 엘리트 가정의 아이가 있었다. 할아버지의 건물에 사는 정이다. 아빠는 의사이고 엄마는 수학 강사였다. 박사인 삼촌에게서 영어를 배우고 할아버지에게 한자를 배우고 있었다. 학원은 피아노, 바이올린, 발레까지 다녔다. 그 많은 사교육을 영리한 그녀는 다 따라가고 있었다. 학교 공부보다 많은 학원 공부로 지쳐 있어서 일기는 일주일에 두 번 정도 참여했다. 일기는 내용과 상관없이 영어와 한자가 섞여 있어 타의 추종을 불허했다. 일기 내용은 주로 갓 태어난 남동생이 주제이고 사랑하는 동생 이야기로 꽉 차 있었다. 어느 날 짝과의 대화가 들려왔다.

"나는 커서 내 동생이랑 결혼할 거야. 난 동생을 사랑해."

"너, 동생하고 몇 살 차이니?"

"여덟 살 차이야."

"그럼 네가 서른 살이면 동생은 22살이야. 동생 기다리다 너는 올드미스 되겠다. 그냥 다른 사람이랑 결혼하는 게 낫겠다."

이렇게 천진스러운 정이는 반에서 '조폭 마누라'라는 별명을 가지고 있었다. 정이는 예쁘고 명랑하고 사랑스러웠다. 그런데 아이들에게 난폭하게 욕설을 잘한다는 소문이 들렸다. 1학년에서 갓 올라온 아이들을 믿을 수 없어 사실 확인을 위해 설문조사를 했다. 정이에게 욕을 들은 사람과 무슨 욕을 했는지 쪽지를 모아 통계를 내었다. 대부분의 남자애들에게 쌍욕을 퍼부었다는 것을 알아냈다.

정이는 아이들에게 특별히 부유한 아이로 보여 돈을 달라는 협박도 있었다고 했다. 정이 엄마와 상담했다. 정이 엄마의 태도는 씩씩하고 당당했으며 담임의 말을 심각하게 듣지 않았다.

"울 딸이 그러더라고요. 자기가 럭셔리하게 보이는지 남자애들이 돈을 달라고 한대요."

"그런 일이 있었군요. 어떤 녀석인데요."

"한둘이 아닌가 봐요. 접근을 막기 위해 욕을 한다고 하더라고요."

이미 여론조사 통계를 내어 알고 있었다. 엄마는 욕하는 딸을 변호하며 딸의 태도에 만족하고 있었다. 그러나 그녀의 욕은 도를 넘어

심각한 상태였다. 자기를 보호하기 위해 욕을 했다는 것이 정당한 것일까. 그 욕은 누구에게 배운 것인가? 인텔리 가정의 고급스러운 딸이 쌍욕을 일상화한다는 것도 문제였다. 가정에서 누가 욕을 해서 배웠는지도 의문이었다. 이 문제를 아무렇지도 않게 받아들이는 엄마도 지성인의 태도는 아닌 듯하였다.

정이에게 돈을 달라는 녀석들을 불러내었다. 왜 그런 짓을 했는지 물었다. 아무도 말을 안 했다. 한 놈은 장난이라고 둘러대기도 했다. 옷차림이 화려하고 당당하고 소지품이 고급이니 부러워 보였을 수 있지만 이해는 가지 않았다.

중고등학교 청소년들이 돈을 뜯는다는 얘기는 들었어도 겨우 2학년이 그럴 수 있을까? 단단히 말해 주었다. 남에게 달라고 하는 것은 거지이고 강제로 빼앗는 것은 강도이다. 너희들이 장난으로 했다고 해도 이건 절대로 해서는 안 되는 것이다. 그 후 조폭 마누라 앞으로 모이는 녀석들은 줄어들었고 정이의 욕도 줄어들었다.

학급 경영의 불만 중 하나는 좌석 배치였다. 올해는 2주에 한 번 자리를 바꾸었다. 키와 상관없이 가로세로로 돌려 형평성을 유지했다. 누구나 한 번쯤 같이 앉을 수 있는 규칙을 만들었다. 학년이 끝나 갈 즈음 짝을 바꾼 지 얼마 안 되었을 때였다.

"선생님, 저 짝 바꿔 주세요."

정이는 우리 반 최고의 인기남과 앉았음에도 큰 소리로 손을 들고 말했다. 아마도 짝과 충돌이 있었나 보다. 콧대 높은 정이 맘에 드는 남자 짝이 있을까. 그러자 너도나도 짝을 바꿔 달라고 아우성이었다.

특히 남에게 피해를 주거나 친구와 잘 어울리지 못하는 불평 있는 녀석들이었다.

"짝 바꾸고 싶은 사람 손을 들어요. 그리고 손 든 사람만 나오너라."

손을 들었던 몇 명은 포기하고 용기 있는 녀석들이 나왔다. 짝을 바꾸길 원하는 불만 있는 녀석들끼리 짝을 만들어 주었다. 당연히 맘에 안 들어 했다. 정이의 짝은 최고의 인기남에서 못 말리는 개구쟁이로 바뀌었다. 그러자 정이는 선생님을 죽이고 싶다는 독설을 했다.

"선생님, 정이가 선생님 죽이고 싶대요."

"나도 들었어요."

증인까지 있다. 정이는 나와 눈을 피하려 고개를 돌리고 있었다. 그날 청소 당번도 하지 않고 도망가 버렸다. 이튿날 등굣길에 정이를 만났다. 정이는 늘 공주 드레스를 입고 등교했다. 나는 그녀의 예쁜 옷을 칭찬하고 머리를 쓰다듬으며 말했다.

"아직도 선생님이 밉니?"

"아니요. 저는요, 빨리 커서 혼자 살고 싶어요."

"혼자 살고 싶다고? 왜?"

정이는 동문서답을 하며 내 눈을 피해 고개를 돌렸다. 정이는 엄마의 계획표대로 배우는 것이 너무 많았다. 교육이라는 포장지 안에서 숨이 막혔을 것이다. 집안 어른들에 대한 분노에 선생님도 표적이 된 것이겠지. 욕으로 자신의 감정을 표현하는 것이 정신 건강에 좋지 않을까 생각도 해 보았다.

학년 말 며칠을 앞두고 자기가 원하는 친구와 짝을 할 수 있는 기회를 주었다. 정이는 자기가 좋아하는 여자애와 짝이 되어 다시 웃는 얼굴이 되었다. 2학년이 끝나는 종업식 날이었다. 모두 빨리 집에 가고 싶은 시간이었다. 마지막 청소를 나 혼자 하기가 어려워 자원봉사자를 구했다.

"선생님이랑 교실 마지막 정리하고 싶은 사람 손 들어요."

"선생님, 저요."

정이는 큰 소리로 손을 들었다. 다른 지원자 세 명과 교실을 깨끗이 정돈했다. 그녀는 매우 밝은 모습으로 어느 때보다 더 열심히 했다. 정이의 마지막 청소는 선생님을 죽이고 싶다고 말한 것에 대한 사과의 뜻인가? 마지막 원하는 사람과의 짝을 하게 된 고마움인가.

새 학년 새 학기 3학년이 되자, 정이는 원하던 사립초등학교로 전학을 갔다. 길에서 모녀를 만났다. 조폭 마누라는 깔끔한 사립학교 교복을 입고 자랑스럽게 인사하였다. 그녀의 마지막 청소는 이별의 세리머니였구나. 사립학교에는 돈을 달라는 개구쟁이는 없을 것이다. 지금보다 럭셔리한 환경에 비슷한 생활 수준이겠지. 아이들의 학업 성적도 비슷할 것이다. 가진 자로 피해자가 되지 않아도 되고 조폭 마누라처럼 쌍욕을 할 일도 없을 것이다. 멋진 좋은 별명을 가지게 되었기를⋯.

토(04)

규 엄마는 말 못 하는 장애를 가진 생활 보호 대상자이다. 아버지는 구두 공장에 다녔다. 부부는 누구보다 성실하게 열심히 살았다. 지난봄 현장 학습 때였다. 출발하기 전 관광버스에 오르자 규가 작은 은박 도시락을 내밀었다.

"선생님, 엄마가 선생님 드리래요."

"엄마가 선생님 것까지 준비했어요? 고맙다고 전해 드려라."

규 엄마의 김밥 선물은 특별했다. 소풍날 선생님께 드리는 도시락 하나도 뇌물이 되어 버린 시대가 되었다. 반 대표 엄마가 얼린 물 40개를 준비해 주셔서 관광버스 짐칸에 넣었다. 돌아오는 길에 오늘 하루 힘들었을 아이들에게 물 한 병씩 나누어 주기 위해서였다. 담임과 기사 아저씨, 어른을 위한 준비는 하지 않았다. 아이들이 물을 마실 때 옆에서 조금 얻어 마셨다. 소풍이면 아이들이 준비한 김밥을 먹던 때는 역사 속으로 사라졌다. 김밥 한 줄은 엄마의 손이 안 가도 김밥집에서 사면 된다.

소풍지에 도착하였다. 아이들은 조별로 모여 먹도록 하고 교사들은 식당에 갔다. 고기도 들어가지 않은 푸성귀투성이의 비빔밥을 시켜 놓았다. 규 엄마의 김밥을 풀어 놓자 8명의 교사들이 한 개씩 집어 먹었다. 김밥은 언제 먹어도 누가 먹어도 맛있다. 규의 장애 엄마는 세상 물정에 어두워 뇌물인지 모르고 담임에게 김밥을 보내온 것일까? 그녀의 따뜻한 마음이 한 줌 남아 있는 게 고마웠다. 주임은 어디선가 카메라가 보고 있으니 행여 아이들에게 물 한 모금도 받지 말라고 벌벌 떨었다. 세상이 이렇게 무섭게 바뀌고 있었다. 교사들 점심시간을 카메라에 담아 고발한다니, 이렇게 교권은 흔들리고 있었다. 교파라치가 생겨서 뇌물 받는 교사를 고발하면 1억을 받는다는 소문이 있었다. 강남에 또는 특별히 잘사는 동네에 거금의 촌지가 있다는 말을 들었다. 그들에겐 거금이 아니지만 강북의 가난한 이들에겐 이미 없어진 지 오래되었다. 교육계와 사회는 교사들을 버리고 학부모편을 들어 주니 이것이 교권이 추락하기 시작한 계기가 되었다.

아침 자습 시간에 규는 나와 눈이 마주치자 배가 아프다고 찡찡거렸다.
"규야, 많이 아프면 집에 가거라."
"괜찮아요."
"내가 보기엔 집에 가는 게 낫겠는데."
아니나 다를까 2교시가 끝나 갈 무렵 예상이 적중했다.
"허어억…."
소리와 동시에 규의 입에서 오물 폭탄이 쏟아졌다. 순간 주위의 아이들이 우당탕탕 책상과 의자를 옮겼다. 규의 입에서 나오는 오물은 다행히 책상 위가 아니었다. 분단 사이의 통로에 쌓였다. 아침으로 뭘 먹었는지 아직 소화되지 않은 밀가루 덩어리가 섞여 있었다. 규는 속에 있는 것을 다 쏟아 내고 집으로 달아났다. 아침에 가라고 했던 말을 들었어야지 이 녀석아! 시큼한 냄새가 교실에 진동했다. 아이들은 웩웩거리며 웅성거렸다.

"창문 열어라. 시끄럽네. 입 벌리는 사람은 선생님을 돕고 싶다고 생각해도 되겠지?"

말귀를 알아들은 듯 순식간에 교실은 쥐 죽은 듯 조용해졌다. 이 오물을 치우려면 바빴다. 냄새 때문에 더 그렇다. 예전에는 교실 내 빨간 플라스틱 통에 방화사가 담겨 있었다. 화재 예방으로 모래를 담아 놓은 것이다. 소화기가 준비되면서 빨간 통 방화사는 없어졌다. 토하거나 똥을 치울 때 이 방화사는 참으로 요긴했다. 오물을 모래로 덮어 스며들면 쓸어 내고 대걸레로 닦으면 됐다. 방화사가 없으니 참으로 난감했다. 휴지 한 통을 아낌없이 풀어 덮었다. 휴지로 스며든 오물을 플라스틱 빗자루로 쓸어 담아냈다. 교실 바닥 사이사이에 낀 오물은 대걸레로 여러 번 닦아 냈다. 닦아도 냄새는 빠지질 않았다. 아이를 보건실로 보냈다. 페브리즈가 있으면 빌려 달라고 했다. 심부름 간 녀석이 없다고 돌아왔다. 이런 세련된 소모품이 학교에 있을 리 없다. 이럴 때 한 번만 뿌려도 좋으련만 속이 매스꺼웠다. 포트에 물을 끓이고 종이컵에 커피를 타서 복도로 나갔다. 복도 창문에서 들어오는 바람을 맞으며 속을 가라앉혔다. 커피를 마시고 교실로 들어왔다.

교실 안은 놀이터로 변하고 있었다. 규가 토해 놓은 자리에 걸레질을 한 곳은 넓게 젖어 있었다. 그곳을 개울로 생각했는지 뛰어넘으며 깔깔대고 쿵쾅거리며 소란을 피우느라 담임이 옆에 서 있어도 알아차리지 못했다.

"야! 뭔 짓들이야! 뛰어넘고 논 사람 다 나와."

15명이 불려 나왔다. 그들은 놀이가 안 끝난 듯 킥킥대고 재미있어 서로 밀치고 난리였다. 평소에 장난하는 것도 귀여웠던 그들이 오늘은 그렇게 보이지 않았다. 옛날 아이들은 선생님이 수고한 것을 보면 떠들긴 해도 자기 일처럼 미안해했다. 아이들은 점점 공감 능력이 결여되어 갔다. 엄마, 아빠의 수고는 당연한 것이고 선생님이나 어른들에 대한 최소한의 고마움을 느끼지 못하며 자라 가고 있었다. 점점 줄어드는 아이들은 가정의 보물이요, 귀염둥이 왕자와 공주로 자라 무수리가 없는 세상이 되어 가는 건가. 아이들은 괴물이 되어 가고 있는 것 같았다. 괴물의 세상은 어떻게 될 것인지. 아이는 어른의 거울이라 하지 않았더냐.

아들, 아들아(05)

　재적 42명에 남 26, 여 16명이다. 남녀 비율이 너무 맞지 않았다. 남자아이 하나는 여자 다섯 명에 해당한다. 학년 초의 수업 분위기가 1년을 좌우하는데 학기 초부터 학습 분위기가 잡히지 않았다. 수업 중 한 사람이라도 학습 분위기를 흐리면 모두에게 영향을 주었다. 10명이나 되는 남자애들의 행동을 한 사람씩 분석하고 체크하였다. 50%가 개인 지도가 필요한 아이로 확실하게 눈에 들어왔다. 더 줄이고 줄여서 8명으로 압축시켜 행동 특성으로 분류했다.

- 놀보 - 하루 종일 수업에 참여하지 않고 놀다 가는 녀석
- 늘보 - 수업에 관계없이 첫 시간에 시작한 것을 붙잡고 시간을 보내는 녀석
- 울보 - 종일 울 거리를 찾아 울기 먼저 하는 녀석
- 쌈보 - 남을 먼저 건드리고 재미로 싸움하는 녀석

　쌈보 중 하나는 '출입금지'라는 별명으로 불렀다. 그 애는 수업 중에도 종횡무진 교실을 배회하여 남을 건드리고 괴롭히고 울렸다. 현장을 목격하여 지적해도 그럴듯한 넉살로 위기를 넘기는 습관이 있었다. '출입금지'는 다른 애들보다 머리 하나 크지만 앞자리에 앉혔

다. 출입은 앞문으로 제한하고 칠판 앞에서만 돌아다니기로 하였다.

"선생님, '출입금지'가 뒤에 와서 돌아다녀요."

"'출입금지' 앞으로 나오너라."

"휴지 버리러 갔어요."

"앞에 있는 휴지통에 버리면 됩니다. 어서 앞으로 오세요."

'출입금지'는 선수 학습을 많이 해서 학력이 우수했다. 엄마는 수업 결과에만 만족해하며 행동이나 인성에는 관심이 없었다. 울보 중 하나는 '울면안돼'란 별명으로 불렀다. '출입금지'와 짝을 지어 줬다. 통제하기 위해서였다.

"아아앙…."

"왜 또? 몇 번째니?"

"여덟 번째 울어요."

'출입금지'의 빈정거리는 고발이었다. 빙글빙글 웃으며 울보를 놀려 댔다. '울면안돼'는 아이들이 스쳐 가도, 가방이 떨어져도, 학용품이 눈에 안 띄어도 울어 댔다. 책상 서랍이나 가방 안 사물함에 있는 물건을 잘 기억하지 못했다. '울면안돼'는 하교 후에 학원, 특기 적성, 방과 후 교실로 순회하고 있었다. 과도한 프로그램으로 인한 스트레스를 울음으로 표현하고 있었다. 아직 발달되어 있지 않은 뇌 속에 마구마구 쑤셔 집어넣으니 능력 조절이 되지 않는 용량 부족이었다. 통제 불가능한 '출입금지', '울면안돼'와의 짝은 최악이었다. 그러나 내 눈에서 멀어지면 다른 애들 학습에 영향을 주었다. 궁여지책으로 코앞에 두고, 녀석들과의 씨름으로 하루를 보냈다.

쌈보는 등교 시간에 아빠와 함께 왔다. 반듯한 정장을 입은 아빠는 아들의 손을 잡고 교실 앞까지 배웅하며 손을 흔들었다. 출근하는 아빠에게 행복을 선물한 쌈보는 아빠가 사라지자 자리에 가방을 던졌다. 교실에 앉아 있는 친구들을 둘러보며 먹이를 찾는 포식자처럼 장난칠 대상을 골랐다. 수업 시간에는 주로 서 있었다. 쉬는 시간이면 교실이든 복도든 뛰어다녔다. 다투기를 즐기는 무한한 에너지 소비로 늘 땀을 흘렸다.

 어느 날 아침, 담임이 교실에 들어가기 전에 쌈보의 할머니가 교실에 들어와 있었다. 쌈보와 싸운 녀석을 나무라는 현장을 보았다. 쌈보의 말만 들은 대변인의 무례함을 그들은 몰랐다. 아무래도 오늘은 엄마를 만나 상담하고 싶었다. 하교할 때 교문에서 기다리는 엄마를 만나리라. 그 애가 하루 동안 학습한 것은 아무것도 없었다. 쌈보의 엄마는 문방구 앞에서 두 팔을 벌리고 아들을 맞이했다.

 "아들, 오늘 공부 잘했어?"

 '이 아름답고 행복한 순간에 찬물을 끼얹어? 당신 아들에게 문제가 있어요. 상담을 원합니다.' 오늘도 난 입을 다물었다. 담임이 문제를 제시하면 부모들은 수없이 많은 오해를 하며 담임을 비난한다.

 늘보는 입학 날부터 주위의 상황에 전혀 관심이 없었다. 세상을 달관한 듯한 철학자 같은 모습이었다. 학교생활 수업에 호기심과 반응이 없었다. 시작은 하지만 끝을 맺지 못했다. 노는 것도 아니요, 공부하는 것도 아니었다. 이들 모두 학교가 끝나면 학교 앞에서 기다리는 학원 승합차로 학원 과외 수업을 받으러 갔다.

 3월 한 달은 그럭저럭 넘겼다. 문제는 4월 급식이 문제였다. 늘보 두 녀석은 숟가락을 놓지 않고 놀며 쉬며를 반복했다. 시간이 끝나도 조급함이 없었다. 세월아 네월아 너는 그래라 나는 내 길을 가련다는 소신으로 보였다. 그들에게 지적 능력 이상은 없었다. 질리도록 학원에서 배웠고 학교 끝나면 학원으로 끌려가야 하니까 서두를 필요가 없었다. 하루 스케줄 속에서 시간만 때우면 되었다. 힘없는 어린아이의 반란, 잠재의식이 조종하고 있다고 생각되었다.

놀보는 늘 행복하였다. 웃음으로 가득 차 있다. 과제를 주면 아무거나 칸을 채워 놓는다. 주제에 전혀 맞지 않고 알려고도 하지 않았다. 학습 지진아였다. 학원 수강이 없을 때엔 늘 지진아를 남겨 두고 가르쳤었다. 학원 시대가 와서 내가 지진아 지도를 안 해도 되었다. 그들에게 학원 수강이 대신해 주고 있지만 달라지지 않는다는 게 문제였다. 해야 할 일과 하지 말아야 할 것을 분명하게 가르치지 못한 가정 교육에 문제가 있었다.

미국에서의 교육학 박사를 하고 온 후배가 있었다. S대학에서 교사 영어 연수로 참석할 때의 이야기였다. 그녀는 미국 초등학교에서 실습한 내용을 토대로 논문을 써서 학위를 받았다. 미국에서 경험한 이야기를 해 주었다. 만 2세 전에 생활 습관이 자리를 잡게 한다. 초등학교 입학 전부터 유치원에서는 말하기와 학교 질서를 익히게 한다. 초등학교 2학년이 되면 자리를 잡는다고 했다.

초등학교 2학년에 담임 대신 강사로 들어갔을 때였다. 아이들은 담임이 주고 간 과제를 하며 강사에게 눈길도 주지 않았다고 한다. 질서를 어기고 남에게 피해를 주는 것을 엄하게 다루고 있었다. 그녀는 귀국 후 조카들의 자유 분망한 태도에 너무 실망하였다고 고백했다.

지식 교육에 열을 올린 한국의 부모로 나라가 발전하였다는 말도 있다. 시대는 변하여 이제는 지식보다 공공의 질서와 인격적인 인성 교육이 먼저 이루어져야 한다고 생각된다.

학부모는 자식의 불이익을 학교와 친구와 사회의 잘못이라고 당당히 말한다. 내 자식을 내가 책임지지 못하는 부모는 기본적인 부모 교육도 이루어져야 한다. 지나친 사랑과 허용된 것들이 아이들을 폭군으로 만들고 있다.

드디어 사건이 터졌다. 교실 앞문을 열고 화장실로 뛰어가는 녀석을 감시하고 있었다. 담임이 보고 있는 것을 눈치채지 못한 놀보가 울보를 힘껏 밀었다. 울보가 넘어지면서 앞에 있는 뜀보와 겹쳐 넘어졌다. 추돌 사고였다. 뜀보는 넘어지면서 콘크리트 복도 바닥에 입을 찧었다. 괴성을 지르더니 입에서 피가 났다. 내 눈앞에서 벌어진 일이었다. 아이를 데리고 보건실로 뛰었다. 앞니의 끝이 엷게 부서졌다. 집으로 전화하고 엄마가 달려왔다.

치과 치료를 받던 뜀보의 엄마는 조심스럽게 말했다. 나중에 보강 치료하려면 100만 원이 넘으니 300만 원 정도의 보상을 요구하라는 의사의 말을 전했다. 의사는 치료만 하면 되지 왜 보상 액수를 말했는지 이해가 가지 않았다.

가해자 놀보와 울보는 가정 형편이 어려웠다. 학교에서 사고가 나면 가해자는 꼭 어려운 아이들이 대부분이어서 담임들을 곤란하게 했다. 가해자 엄마들의 잔뜩 긴장한 어두운 표정에서 사는 게 힘들다는 걸 직감했다. 이 사건은 가해자가 있으므로 학교 보험이 해당되지 않았다.

　작년에 옆 반에서 난 사고였는데 일찍 등교한 아이들이 교실 문을 여닫고 장난하다가 손가락을 다쳤다. 의사의 소견은 성장점 운운하여 부모들의 갈등은 커지고 몇백을 요구하며 몇 달을 끌었다. 요즘엔 사고 후 보상금에 더 관심을 기울이는 듯하다.

　목격한 사람은 담임이고 분명한 가해자가 있지만 나는 단순 사고로 신청서를 썼다. 의사의 진단서와 보강 치료비 청구서를 첨부했다.

　겨울 방학이 끝나고 개학을 맞았다. 보건 교사는 치료비가 모두 130여만 원이 입금되었다는 보고를 받았다. 이 사건은 이것으로 해결되었다. 사건이 마무리 졌으면 담임에게 전화라도 할 일이다. 가해자는 치료비 안 들었고 피해자는 학교 보험으로 보상을 받았다. 아마도 피해자는 보상이 예상보다 적어서 고맙지 않았나 보다. 치과 의사가 말해 준 보상금 300을 채우지 못해 못마땅한 것이었나?

　다음 학년 분반할 때 요주의 인물 13명을 성적에 관계하지 않고 각 반 골고루 배치하였다. 나 같은 고통을 후배들에게 물려줄 수 없었다. 시간이 지나자 2학년 담임들에게서 소식이 들렸다.
　"김 선생님, ○○○ 작년에 선생님 반이었지요?"
　"그랬지, 왜?"
　"걔 땜에 미치겠어요."
　"작년에도 그랬어."
　늙은 담임이 아이들 버르장머리 없이 가르쳤다로 들렸다.

사교육의 전성시대, 개인차를 고려하지 않고 선수 학습으로 아이들을 괴롭힌다. 성장하면서 개인차가 달라지는 시기가 있다. 꽃들도 피는 시기가 다르고, 크기도 색깔도 다르듯 인간도 그렇다. 인간도 성장의 속도가 긴 일생을 통해 나타난다. 또한 자신의 필요에 의해 능력과 소질이 발견되기도 한다. 사람을 비교하는 건 불행의 시작이다.

부모의 조급한 결과주의에 아이들은 병들어 가고 있다. 학원을 안 가면 친구도 없다고 놀아 주는 학원도 생겼다네. 돈 없으면 자식을 키울 수 없다는 생각에 아이들은 태어나지도 못하고 있다.

줄넘기대왕(06)

 정년을 1년 남긴 해, 마지막 담임이었다. 창고형 작은 교실에 재적 36명이었다. 첫 학교 재적이 93명이었는데 교직 40년 만에 삼 분의 일 정도가 된 가장 적은 재적수이다. 아이들은 작고 어렸다. 어둡고 추운 교실이지만 따뜻함으로 채우리라. 문제아들이 눈에 띄었다. 그 중 준이는 투덜이었다. 한글을 일찍 깨우쳐 학년에 맞지 않는 두꺼운 책을 읽으며 담임을 의식하고 있었다. 자부심이 강하고 욕심이 많으며 남보다 앞서려 하지만 수업 중에 딴짓을 했다. 지각을 많이 하고, 준비물도 가져오지 않았으며, 글씨는 엉망인데 불평이 많았다. 일기도 안 쓰고 독서록도 정리를 안 했다. 스티커 판에 상표를 붙여야 하는데 그 판도 잃어버렸다. 두뇌는 좋은 것 같은데 기본 생활 습관이 전혀 되어 있지 않았다. 투덜이 준이는 분명 가정 환경에 문제가 있는 것으로 보였다. 준이는 종일 선생님을 천 번쯤 불렀다.

 "선생님!"

 "선! 생! 님!"

 "선~ 생~ 님!"

 "선생님~"

 "준, 왜 그러세요? 뭐가 알고 싶은가요?"

 "이거 해요?"

"짝에게 물어보세요."

"이거 하는 거니?"

"선생님이 하랬잖아. 너 때문에 우리 조 또 꼴찌한단 말이야. 빨리해."

준이는 짝에게 핀잔을 듣고서야 시작했다. 조별 학습을 통해서 함께 과제를 마치면 조원이 모두 스티커를 받을 수 있었다. 조별 학습은 조원 모두에게 책임이 있었다. 부진아도 다른 아이들과 진도를 맞출 수 있었다. 참여하지 않는 조원을 도와주어야 함께 일이 끝났다. 조별 학습에 조원 모두가 스티커를 받지만 가장 먼저 한 개인에게도 주어졌다. 준이는 스티커 판도 없어져 스티커를 붙이지 못했다. 그 애는 조원들에게 골칫덩어리였다. 그래도 기가 죽지 않았다.

산만한 수업을 위한 특별 수업이 있었다. 동시 외우기, 계명 외우기, 악기 연주 등등 주어진 시간에 암기하기였다. 3분의 시간을 주고 도전하도록 하였다. 통과되면 스티커를 받고 '짱셔요'라는 달콤새큼한 젤리 하나를 입에 넣어 주었다. 전원 통과될 때까지 재도전할 수 있었다.

"자, 동시 외우기 준비~ 땡!"

교탁 위의 종소리와 함께 교실은 아이들의 외우는 소리로 가득 찼다. 몇 줄 안 되는 동시 외우기는 1분도 채 걸리지 않았다. 준이는 몇 초 만에 손을 들었다.

"선생님, 저요. 도전이요."

"할 수 있을까? 더 연습하면 안 될까."

"아뇨, 자신 있어요."

"그래? 시작…!"

그러나 두 줄 정도 외우니 생각이 안 났다. 늘 연습 없이 도전만 했다. 받아쓰기, 수학 문제도 실수투성이다. 결과에만 집착하였다. 스티커는 받지 못하고 젤리도 입에 넣을 수가 없었다. 불만은 더 커지기만 했다. 1학기 동안 많은 상을 주었다. 1학년들의 학교생활 성취의 기쁨을 주고 학교생활에 적응하기 위한 상이었다. 거의 모든 아동에게 돌아가도록 했다. 그러나 준이는 한 장의 상장도 차례가 가지 않았다. 준이의 잘못된 습관과 대충 넘기려는 태도를 고치려면 일관성 있게 객관성을 이해할 때까지 기다려야 했다.

2학기가 시작되면서 덜렁대던 학습 태도가 조금씩 달라지는 게 보였다. 2학기 체육 행사에 줄넘기 대회가 있었다. 1, 2학년은 1분 동안 쉬지 않고 줄을 넘으면 줄넘기왕이 되었다. 우리 반 기량을 점검하기 위해 운동장에 나가 줄넘기를 시작했다. 한 번도 넘지 못하는 녀석이 대부분이었다. 작년에 비해 너무 수준이 떨어졌다. 20명은 줄넘기왕을 만들어야겠다고 목표를 세웠다. 반 애들의 특징은 왜소하고 밥 먹는 양이 적어 급식 밥이 많이 남았다. 옆 반은 모자라서 우리 반으로 지원받으러 왔다. 밥을 적게 먹으니 키가 작고 힘도 없었다.

매일 아침 1교시 시작 전을 줄넘기 준비 시간으로 잡았다. 줄넘기 특수 훈련이었다. 모두 줄넘기를 들고 운동장으로 나가 호루라기를 불면 다 같이 줄을 넘었다. 준이는 처음 한 번도 넘지 못하더니 나날이 늘어나 맨 먼저 1분 뛰기에 통과하였다. 1분이란 1학년에게는 긴 시간이다.

줄넘기 대회가 있기 전 1학년 교사들 회의가 있었다. 2학년이 1분이었다. 되도록 아이들에게 성취감을 주자고 1학년 줄넘기 시간은 50초로 결정했다.

드디어 대회 날, 1학년이 운동장에 모였다. 구령대 위에 지도 교사가 올라갔다. 각자의 줄넘기 줄을 발밑에 놓고 준비운동을 했다. 줄넘기 할 수 있는 대열로 넓게 자리를 잡았다.
"남자 일어섯! 준비! 호르르릉!"
"쌩 쌩 쌩 쌩."
모두 긴장된 모습으로 줄을 넘는데 몇 초가 지나자 여기저기서 줄에 걸렸다. 포기한 아이들이 자리에 주저앉았다. 50초 시간이 되어 살아 있는 아이들은 자기 자리에 서 있었다. 투덜이도 가볍게 통과했다.
"호르르! 끝."
"선생님, 1분이 안 돼요오!"
준이는 소리를 지르며 항의했다. 연습할 때 1분을 기준으로 했으니 감으로 시간이 단축될 걸 알았다. 연습 때보다 많은 친구들이 통과된 것도 불만이었다. 교실에 들어오면서도 계속 투덜댔다. 8반 담임이 교실을 들여다보았다.
"선생님, 준이 왜 그래요?"
"1분이 안 된다고 저래요."
"너 통과됐잖아. 잘했는데 뭐가 문제야?"
준이는 옆 반 교사의 눈총을 받아도 아랑곳하지 않고 계속 구시렁거렸다.

'그래 이 녀석아, 네 말이 맞아. 하지만 이건 선생님들만의 비밀이다. 네가 선생님의 깊은 뜻을 알아?'

상장을 전달하는 날이다. 우리 반은 20명을 목표로 아침마다 연습했지만 12명이 통과되었다. 먼저 준이를 불렀다.
"상장 줄넘기왕, 1학년 ○반, 이준, 위의 사람은 … 상장을 수여함."
그리고 다음, 모든 12명이 상을 받았다. 준이는 처음 받은 상이었다. 준이를 다시 불렀다.
"준이 이리 나오너라. 넌 줄넘기대왕이야. 우리 반에서 줄넘기를 제일 잘해. 애들아, 그렇지?"
"네에."
모두 인정하였다. 준이만 특별상으로 젤리 한 봉지를 부상으로 주었다. 그 애의 시니컬한 표정은 변하지 않았다. 그러나 이내 어깨를 흔들며 자리로 들어갔다.

겨울 방학이 다가오던 어느 날, 준이는 고민이 가득한 얼굴로 앞으로 나왔다.
"선생님, 집 열쇠를 잃어버렸는데 나갔다 와도 되나요?"
"그래, 어디다 흘렸는지 잘 찾아 보아라."
준이는 열쇠를 목에 걸고 다녔다. 엄마가 없는 빈집에 들어가려면 열쇠가 필요하였다. 부모는 있으나 낮에 돌볼 사람이 없는 반고아였다. 준이가 나가고 몇 분 후 교무실에서 인터폰이 울렸다.
"김 선생님, 선생님 반 애가 열쇠를 잃었다고 방송을 부탁하네요.

교실에서 잘 찾아 봐 주세요."

준이가 교실로 들어오고 있었다.

"너 방송실에 갔었니?"

"네."

"열쇠를 어디에 뒀는데?"

"주머니에 있었어요."

준이는 화장실도 안 가고 교실에만 있었는데 주머니에 있던 열쇠가 어디로 갔단 말인가. 아침에 열쇠를 가지고 놀았다는 목격자들이 나왔다. 열쇠에 레이저 방울을 달아 아침 자습 시간에 여기저기 레이저를 쏘고 놀았다고 했다.

"준이 열쇠를 찾아 보자. 찾은 사람에게 현상금이 있어요. '짱셔요' 한 봉지 드립니다."

가끔 없어진 물건을 찾을 때 쓰는 방법이다. 성공률이 높았다. 가져간 녀석이 있다면 현상금 받으러 자진 출두하는 일도 있기 때문이다. 반 전체가 일어나 여기저기를 살폈고, 쓰레기통까지 뒤지는 녀석도 있었다.

"여기 있네."

열쇠는 교사 책상 컴퓨터 본체 옆에 떨어져 있었다. 열쇠를 흔들다 내 자리까지 날아온 것이었다.

"선생님이 찾았으니까 현상금은 없구나. 하하하. 상품은 내가 가져야겠다."

아이들이 실망한 표정으로 멍하니 담임을 보았다. 봉지를 열어 '짱셔요' 하나를 내 입에 넣었다. 모두 선생님 입속으로 들어가는 캔디에 신맛을 기억하며 침이 고였을 것이다. 얼마나 먹고 싶었을까. 교실에서 잃어버린 걸 방송실에 가서 방송을 부탁하다니, 준이의 엉뚱함을 어떻게 해석해야 하나. 열쇠 사건은 허무하게 끝이 났다.

학년 말이 되었다. 학년 말 비공개 시험에서 준은 거의 실수하지 않았고 전 과목이 만점에 가까웠다. 학년 분반용이라 공개할 수 없었지만 누구라도 붙잡고 자랑하고 싶었다. '투덜이가 일등을 했어. 줄넘기 대왕이 되더니 성적도 일취월장! 결국 해낸 거야.' 혼자 흥분하여 중얼거리며 기쁨을 만끽했다. 1년의 힘겨루기 결과는 내게 큰 보람을 남겨 주었다.

학년이 바뀐 봄날 아침, 교무실 커피 자판기에서 커피 한 잔 빼서 마시는 행복을 즐겼다. 2학년 투덜이 담임을 만나 준이 소식을 물었다.
"조 선생, 준이 그 반에 있지. 어때?"
"네, 열심히 잘하고 있어요. 그런데 부모가 이혼하려는 것 같아요. 엄마가 집을 나갔다고 해요."
작년에 그렇게 힘들었는데 가정불화였구나. 준이는 입학하고 학습에 의욕을 잃어버린 채 안정을 찾지 못했다. 학교만 오면 선생님을 종일 불러 대던 녀석이 혼자서 잘 이겨 나가야 할 텐데. 내가 학업 기초를 잘 잡아 주었으니 학습엔 재미를 붙이고 잘할 것이라고 확신해 본다. 부모가 이혼한다면 준이의 정서 문제는 어떻게 되려나. 싸우며 사는 것보다 한 부모라도 평화롭고 사랑으로 기른다면 잘 자랄 수 있다. 주여, 제발 준이 마음에 평화를 주소서.

ADHD(06)

교직 마지막 담임은 제발 평화로운 1학년 교실이 되기를 기도했다. 3월 학교생활이 적응되지 않았을 때였다. 첫 수업은 연필 쥐는 방법부터 시작하며 종합장에 줄 긋기를 배운다. 옛 아이들은 학교 수업이 모두 신기해서 열심히 배웠다. 2000년 이후 아이들은 유치원이나 학원에서 미리 배우고 왔어도 학교라는 공간이 처음이라 초반엔 모두 조용히 잘 따라 했다. 그때 원이는 줄 긋기가 지루하다고 몸을 비틀며 큰 소리로 말했다

"선생님, 공부 언제 해요?"

아직 아이들을 파악하기 전이라 저 녀석이 영재인가? 생각해 보았지만 우수아는 반항보다 순종적이다. 시간이 흐를수록 원이는 주의력 결핍과 과잉 행동을 보이기 시작했다.

원이의 놀이터는 주로 화장실이었다. 소변보는 아이들 엉덩이를 발로 차고 남자 화장실 넓은 타일 바닥에 드러누웠다. 여자 화장실 문을 열어 여자아이들을 놀라게 했다. 복도를 지나며 수업 중인 남의 반 문을 열고 도망갔으며 아무 때나 소리를 질렀다. 여자애들에게 수시로 뽀뽀했다. 담임 앞에 나와서도 이상한 몸짓을 하며 조롱하는 행동을 했다. 친구들과 의사소통이 되지 않아 충돌이 잦았다. 조별 학습에 협동하지 않았다. 질문에는 대답하지 않았으며 자기 하고 싶은 말

만 했다. 이상 행동은 하루 종일이었다.

 원이에게 특이한 좋은 점은 미술 분야였다. 그리기, 색종이 접기와 종이 자동차 만들기 등 입체 공작은 1학년 수준을 넘었다. 창의력이 보였다. 그 애는 아이들에게 왕따를 당하고 있었다. 친구들이 왜 자기를 싫어하는지 알고 있지만 자제력이 없었다. 너무 힘든 날을 보내며 1학년이 끝나 가려 할 때 엄마와 깊은 상담을 하고 싶었다.

 11월 어느 날, 원이 엄마가 급식 당번으로 왔다. 나는 조급해졌다. 이 기회를 놓치지 않으려고 상담을 요청했다. 2학년 올라가기 전, 원이의 실체를 알려 주고 개선책을 찾아야 했다. 그녀는 나의 의사를 거부하고 가 버렸다.

 11월 중순경, 두툼한 등기 우편이 왔다. 발신인은 원이 엄마였다. 그녀의 편지는 작은 글씨로 빽빽하게 A4용지 7페이지나 되었다. 내용은 분노와 원망으로 가득 차 있었다. 원이를 통해 가정 사정을 대충 알고 있었다. 아빠는 사업에 실패하여 지방에 있고 엄마가 생계를 유지한다고 알고 있었는데 편지 내용은 행복한 가정을 구사하고 있었다. 원이 엄마가 쓴 소설 같은 편지였다.

 '행복한 가정의 아들인 원이는 착하고 정직하고 말을 잘 듣는 모범생이다. 순수한 어린 아들이 늙은 담임을 만났는데 아들을 나쁘게 매도하고 있다. 원이의 잘못을 구체적으로 지적해 달라. 자신의 친척 중에 교사가 많아 그들과 상담했다. 남편은 일본에서 사업하여 넉넉한 생활을 하고 있다. 귀국하면 남편과 찾아뵙겠다.'

 7페이지에 달하는 만리장성의 긴 편지는 밤이 깊도록 날 원망하며 쏟아 놓은 사설이었다. 길게 써 내려가던 마음은 어땠을까. 원이를 행복하고 안정된 생활 속에 착한 아들이라는 설정을 해 놓아 좋았을까? 아니면 불안했을까? 부끄러웠을까? 원이의 가정환경조사서에 있는 엄마의 직장으로 전화를 걸었다.

"원이 어머니, 담임이에요."

"네, 선생님."

"오늘 어머니 좀 보고 싶은데요."

"원이 아빠 일본에서 오면 같이 가서 뵈려고요."

"아빠 없어도 되니까 오늘 당장 오세요."

나의 강력한 말투에 그녀의 목소리는 작아졌다. 오후에 원이 엄마가 왔다. 그녀를 보니 웃음이 나왔다. 늙었다는 이유만으로 담임을 혼자 오해하고 자신이 원하지 않는 현실의 불만의 화살을 엉뚱한 곳에 돌리고 있었다.

"그래서 담임 잘못 만났다고 여기저기 전화했어요?"

"아뇨, 친구한테만 했어요."

"그렇게 날 못 믿으면 이제 남은 기간에 일지를 써 드릴게요. 공책 한 권 준비해서 보내세요. 하루 일과표를 만들어 와요."

그녀는 분노의 편지와 달리 다소곳이 앉아 있었다. 밤새 쓴 원망의 내용으로 스트레스가 풀렸을까? 자식을 모르고 담임을 불신하는 원망보다 차라리 정직하게 구원을 요청했어야지. 다음 날 원이는 체크할 공책을 가져왔다. 아침 자습부터 하교까지의 일지를 써 주기로 했다. 원이가 등교하면 공책을 교사용 책상 위에 올려놓았다. 아침 자습, 수업 시간, 쉬는 시간 일일이 체크하고 작은 행동까지 다 기록했다. 원이는 등교해도 자리에 앉아 있지 못했다. 짝의 얼굴에 입김 불기, 수업 중에 돌아다니기, 소리 지르기, 지나가는 사람 발 걸기, 수업 준비 안 하기, 화장실에서 돌아오지 않기, 복도 지나가는 아이들 건드리기, 여자아이들 머리카락 잡아당기기, 수업에 참여 안 하기 등등 수없이 많은 이상 행동이 나열되어 있었다. 날마다 새로운 행동으로 교실을 소란하게 하는 걸 다 기록했다. 원이의 행동 일지는 날마다 엄마의 확인을 받아 왔다. 아들의 행동을 알게 된 엄마의 심정은 어땠을까. 거짓을 말하지 않는 것만으로도 치료에 도움이 된다. 병의 원인을 알아야 처방이 내려지는 것이다. 엄마랑 하루 종일 떨어져 있다가 저녁에 잠깐 보는 것으로 자식을 어찌 알까. 학교생활에서 친구들과의 소통과 관계가 공부보다 더 중요하다. 공부는 나중에 철나서 하면 되지만 행동이 바르지 못한 것은 다 커서 고치기 힘들다.

원이는 종일 담임의 주목을 받고 있음을 인식하고 자제하는 듯 보였다. 그러나 하루를 버티지 못했다. 장점을 칭찬하고 달래어 나아지는 듯하다가 월요일이면 다시 제자리로 돌아갔다. 치료가 되는 것이 아니라 잠시 긴장하는데 그 시간이 짧았다. 훈련을 통해서 조금씩 행동을 고쳐야 했다.

학기 말 '착한어린이상'을 원이에게 주었다. 절대 평가로 나아졌기 때문이다. 노력의 대가가 있다는 만족을 주기 위해서였다. 아마도 원이는 ADHD인 것 같았다.

ADHD는 전두엽의 기능이 부족하여 일어난 현상이다. 이것은 도파민이라는 호르몬의 균형이 맞지 않아서라고 한다. 지적하고 훈화만 해서는 고쳐지지 않는다. 병이라고 말할 수 있다.

미국에서 이러한 어린이에게 도파민 호르몬을 가미한 새알 초콜릿 같은 것을 먹여 안정시키는 데 도움이 되었다는 말도 들었다. 그러나 약보다 중요한 것은 부모의 관심이다. 그리고 현실을 인정하고 사랑으로 치료하면 효과가 크다고 한다.

핵가족, 결손가정, 외동, 탁아 시설에서 자란 아이, 과잉보호로 큰 아이들이 사회 부적응아로 늘어 가고 있다. 남자아이는 마당 없는 집에서 자라면 문제가 생긴다는 말을 들었다. 우리 어린 시절처럼 공터에서 마을의 언니, 동생들과 자유롭게 놀던 그것이 교육의 기초이고 사회생활의 시작이었던 것이다.

지적인 공부보다 앞서야 할 것이 정서와 사회 적응도이다. 아이들 교육보다 학부모 교육이 더 앞서야 하는데 학부모 교육은 언제 누가 해야 하나. 이 시대 교육의 목표는 어디로 가고 있는 걸까.

ADHD

A(Attention - 주의력) D(Deficit - 결핍)
1. 주의 산만 증상
실수가 많고 집중이 안 되며 타인의 말을 경청하지 못한다. 과제를 끝까지 못하고 공부를 싫어하며 수업 활동 계획대로 하지 못한다. 필요한 물건을 자주 잃어버리며 외부 자극에 쉽게 흐트러지고 할 일을 자주 잊는다.

H(Hyperacitivity - 과잉 행동) D(Disorder - 장애)

2. 과잉 행동 및 충동 증상

가만히 앉아 있지 못하고 자리를 뜨며 뛰거나 기어오른다. 활동에 조용히 참여 못하고 끊임없이 움직인다. 지나치게 말이 많고, 질문 전에 대답하며, 차례를 못 지키고 타인의 활동을 방해한다.

영어 교과(07)

정년 6개월이 남았다. 담임을 하면 1학기 끝나고 담임이 바뀌어야 한다. 1년에 두 번 담임을 만나는 아이들에게 피해를 줄 것 같아서 교과를 하기로 했다. 교실에 모인 교과 교사들은 모두 나의 20년, 30년, 40년 후배들이다. 나는 스스로 그들의 엄마가 되었다. 젊고 발랄한 교과실에서 마지막 6개월을 보내는 행운을 맞았다. 특히 20년 전 함께 근무하던 이 선생을 만난 기쁨을 누렸다. 이 선생은 20대, 나는 40대에 만났었다. 20년이 지나 그녀는 40대, 나는 60대로 다시 만났다. 이 선생은 6학년 영어, 나는 5학년 영어를 하게 되었다. 20년 후배지만 실력이 있고 차분했다. 소리도 지르지 않고 때리지 않고 화도 내지 않았다. 내가 갖추지 못한 걸 다 가지고 있으니 존경한다.

영어는 3학년부터 6학년까지 교과서에 600단어로 구성되어 있다. 돈 들여 과외하지 않아도 교과서만 배우고 익히면 세계여행도 자유롭게 할 수 있다. 교육 과정만 익혀도 일상생활에 불편함이 없다.

우리는 점심을 먹으며 여러 가지를 구상했다. 영어 교육의 방향과 교육 과정의 이해에 차질 없이 준비하기로 했다. 아이들의 학업 성적이 향상되면 대회도 열어 보자는 의견도 있었다. 우린 화려한 계획을 세우고 수업 시간을 기다렸다.

20년 전 서교협(서울교육단체협의회)이라는 교사들의 정화 운동 단체에 가입했었다. 학교의 비리는 커질 대로 커져 평교사의 권익 목소리는 권력이라는 큰 파도에 밀려가고 있을 때였다. 학부모들의 치맛바람으로 아이들은 편애 속에서 불만을 키워 갔다. 교육계는 이 새로운 단체에 부정적인 시선으로 적극 반대하고 있었다. 기득권이 위협을 느끼고 있다고 생각되었다. 주임은 날 쫓아다니며 그곳에서 탈퇴하지 않으면 형사들의 미행을 받을 거라고 협박했다. 그러나 서교협은 교사들의 노동조합으로 발전하였다. 이 운동은 사회 곳곳에서 일어나 비합법 단체로 탄압이 시작되었다. 이 선생은 조합 운동에 모든 걸 걸겠다고 나섰다. 난 만류했다. 20년간 교장의 비리에 소극적으로 혼자 싸워 왔으니 교내에서 힘겨루기 하자고 제안했다.

"선생님은 가정이 있잖아요. 전 아직 20대이니 부딪혀 볼 거예요."

차분한 성격의 사람이 더 심지가 굳고 저돌적인 면이 있어서 놀랍기도 했다. 그녀는 결국 교직을 떠나 장외 투쟁을 했다. 그녀를 만류하려고 명동성당 마당의 단식투쟁 장소까지 찾아가기도 했었다. 그러더니 시간이 흘러 전교조(전국교직원노동조합)는 합법이 되고 이 선생은 복직했다. 시간이 지나 그녀는 달라졌다. 전교조 활동을 접고 공부에 몰두하여 전문적인 실력을 갖추었다. 대학원도 수료하고 박사 과정을 밟고 있었다.

전교조로 인해 학교의 비리는 깨끗하게 정리되었다. 20대와 달라진 것이 없는 그녀의 순수한 웃는 얼굴은 날 젊어지게 했다. 교과실의 어린 교사들과 날마다 웃음꽃을 피우며 근무했다. 10여 년 전 영어가 뿌리내리기 전 50세가 되던 해이다. 6학년 영어를 맡아 어린 소녀에게 모욕적인 쌍욕을 받던 일이 생각났다. 이제 정식 교과가 되었고 교재도 교과서도 있으니 그런 일은 절대 없을 것이다.

누가 그랬다. 발음이 어설퍼 아이들에게 모범이 되지 않을 수 있으니 염려스럽다고. 언어에는 표준말이 있다. 6.25 이후 서울에 팔도 지방 사람들이 모여들었다. 언어의 전시장이 된 서울에서 온갖 지방 사투리로도 소통이 되었다. 한때 지방에서 전근 온 전라도, 경상도 사투리가 심한 교사들이 있었다. 잘 알아들을 수 없었을 때도 있었다. 아이들도 많은 어려움이 있었을 것이다. 이제 그들도 표준어에 가깝게 되었다. 듣는 사람도 익숙해졌고 오히려 정겹게 들리기도 했다.

대통령의 연설에서도 그 지방 억양을 발견하지만 우린 알아듣는다. 영어는 글로벌 언어가 되어 나라마다 특유의 발음이 있다. 영국에서 시작된 영어는 미국과 다르다. 본토 영국 영어, 미국 영어, 호주, 뉴질랜드, 캐나다, 중국, 필리핀, 인도, 베트남까지 영어를 사용한다. 자기가 배운 영어 발음에 익숙한 사람은 그들의 발음에서 많은 어려움을 느끼지만 소통은 된다. 발음을 걱정하는 사람들에게 중요한 건 소통이라고 강조하고 싶다.

3월 첫 주, 영어 수업 시작을 위해 자기소개서를 영어로 작성했다. 두 시간 걸렸다. 후배들은 자기들에게 맡기면 해 드릴 수 있다고 하였다. 내가 할 수 있는 일은 느려도 내가 할 거다. 새로운 것에 도전하고 싶었다. 늙어 가며 조금씩 두뇌에 장애가 오든 육체에 장애가 오든 따라가련다.

하루에 4학급을 3, 4층 오르내리며 수업하다 보니 기진맥진이었다. 담임보다 더 힘들었다. 담임의 수업은 교실 이동이 없고 시간마다 과목이 다르니까 강도를 조절할 수 있지만 교과 과목은 그리할 수 없었다. 같은 양을 같은 밀도로 지도하려는데 40명이 너무 많았다. 내가 계획했던 대로 그들의 활동을 기대하기엔 시간도 부족하였다. 하루에 4시간 40명이면 160명을 가르치는 거였다. 수업 시간에 배운 영어만 하기로 규칙을 만들어 다짐하고 교실로 들어갔다. 그러나 아이들의 수준은 너무 차이가 났다. 영어 학원에 익숙한 아이들과 백지와 비슷한 아이들과의 수준 좁히기가 어려웠다. 40분 내에 모두에게 한 마디씩 기회를 주기는 절대 시간이 부족하였다. 결국 3개월 후 내 목에 이상이 생겨 말 한마디도 나오지 않았다. 내가 꿈꾸던 영어 교사는 3개월 만에 손을 들었다. 6월부터 퇴직 휴가를 내고 쓰러졌다. 6월 1일 아침, 학교에 가지 않아도 되었다. 그런데 속에서 '학교에 가고 싶다.'라고 내가 나에게 속삭였다. 뭐야, 나 말고 다른 내가 또 있네.

퇴직 휴가를 마치고 퇴직 서류를 내려 학교에 갔다. 보건실에 들렀다가 치료하러 오는 아이들을 만났다.

"영어 선생님?"

"하이!"

"선생님, 목 다 나으셨어요?"

"그래 이제 다 나았다."

"그럼 2학기에 오실 거예요?"

"응?"

난 얼버무렸다.

"왜? 지금 영어 선생님 젊고 예쁘고 날씬하잖아. 선생님은 늙고 뚱뚱한데, 뭐."

녀석을 2학년 때 가르쳤었다. 정색을 하고 말을 이어 갔다.

"선생님, 우린 그런 거 상관없어요. 선생님이 좋아요."

"그래? 그 선생님은 실력 있잖아. 난 엉터리야."

"아니에요. 그 선생님은 너무 깐깐해요. 우린 선생님을 좋아해요."

많은 대화를 나누지도 않던 무뚝뚝한 녀석의 반기는 그 표정이 잊히지 않는다. 그래, 초등학교에서 실력이나 외모가 중요한가. 우린 서로 마음으로 사는 거지.

퇴직 서류를 내고 버스를 타려고 뒷문으로 나갔다. 골목 문방구 곁을 지나다 게임기 앞에 쪼그리고 앉아 게임에 몰두하는 녀석들을 보았다. 땡볕이 내리쬐는 곳에 이마에 땀이 송송 맺혀 있었다. 그들은 날 발견하고 반갑게 소리 질렀다.

"영어 선생님이다!"

"하이."

응답하고 그들에게 간단한 영어로 물었다. 뭐 하느냐고, 지금 덥지 않느냐고, 그들은 곧잘 대답했다. 땀이 흐르는 머리를 쓰다듬으며 말했다.

"두 유 원 츄 아이스크림?"

"예스."

"웨얼 이스 아이스크림샵?"

"고우 스트레이트 앤 턴 레프트."

3개월 영어 선생의 보람을 느끼며 그들을 데리고 아이스크림집으로 향했다. 그들은 먹고 싶은 것을 고르는 게 아니라 싼 걸 고르고 있었다.

"언제 너희들을 또 만나겠니. 먹고 싶은 것 골라라."

두 녀석은 원하는 것을 고르고 손에 들자마자 게임기 쪽으로 뛰어갔다. 그 뒷모습을 보며 바이 바이를 외쳤다. 3개월 영어 교과의 사랑스러운 제자들! 지금 생각해도 행복하다.

마지막 스승의날(07)

학교에서 맞이하는 마지막 스승의날이었다. 촌지 여파로 스승의날은 교사들에게 참으로 껄끄러운 날이 되었다. 정권이 바뀔 때마다 문제가 거론되고 뇌물이라는 탈을 쓰고 교사들의 자존심을 건드렸다. 그리하여 스승의날의 본래 의미는 사라졌다. 어느 학교는 임시 공휴일로 만들어 선물을 차단하였다. 촌지 거절이란 현수막을 교문에 걸어 두는 방법을 쓰기도 했다. 교직 40년 경력으로 보자면 촌지는 특정 지역 소수의 엄마들의 행위였다. 그것에 호응하여 아이들을 편애하고 평가를 잘못한 교사들이 있었다. 그러나 대부분 교사들은 그렇지 않았다. 그리고 촌지가 그렇게 흔하지 않았다. 소수의 부정한 이들로 나라를 뒤집어 학교 사회를 흔들 정도인가? 지혜로운 방법은 없었을까?

어느 행정가가 어린 시절 담임에게 푸대접을 받아 복수의 칼날을 휘두른 것이라는 말도 있다. 교사 고발 전화까지 만들었다. 교장은 자리를 지키기 위해 학부모 편에 서 있었다. 누구도 보호해 주지 않는 교사는 고독하다.

미국 주마다 다르겠지만 손자들이 있던 학교의 일이다. 1년에 한 번 크리스마스에 담임에게 선물을 한다. 가격은 5불에서 25불로 한정되어 있다고 한다. 그것도 안 해도 된다. 미국 학교는 수시로 'OO

데이'를 만들어 참가자에게 1달러를 내게 한다. 햇데이면 하루 종일 모자를 써도 되는 날이다. 애플데이는 사과 한 알씩 가져오는 날이다. 물론 참가자는 1달러를 가져오고 참여는 자유다. 손자는 1달러도 내지 않고 참가도 하지 않는다고 했다. 1달러를 가져오는 '○○데이'를 만든 것은 기부 문화를 가르치려는 의도라고 한다. 아이들이 가져온 돈은 교사 책상 위 기부금 통에 모아 두었다가 담임이 교재가 필요할 때 쓸 수 있다. 우린 규정 없이 스승의날을 만들어 꼭 선물을 해야 한다는 강박 관념으로 부작용을 일으키는 것이다.

1968년도인가 도입된 스승의날이 제정될 때부터 이상하다고 생각했다. 교사가 곧 스승은 아니다. 교사는 지식을 전달하는 직업이다. 개인적으로 스승이 되는 경우도 있을 수 있다.

이번은 교직의 마지막 스승의날이다. 학교에서는 2시간 단축의 보너스를 주었다. 그러나 오전 4시간으로 배정된 영어 시간은 단축이 없었다. 이럴 때 나도 1시간 정도 쉬고 싶었다.

교실 문을 열었다. 노란 체육복을 입은 아이들이 소리 높여 〈스승의 은혜〉를 부르고 있었다. 교실 뒤쪽에 마련한 합주단은 훌륭했다. 플루트와 풍금, 각종 리듬 악기들이었다. 스스로 대견해하고 행복해하는 그들의 얼굴은 웃음으로 가득했다. 노래와 합주가 다 끝났다. 아이들은 너무 흥분하여 분위기가 가라앉질 않았다. 이벤트를 준비한 담임과 아이들은 내게 큰 선물을 했다. 그러나 1시간 쉬는 것이 더 좋은 선물이었다.

정상 수업을 할 수 없기에 영어 시간에 배운 게임을 하기로 했다.

가라사대 게임이다. 게임의 벌칙은 그간 배운 영어 노래 또는 챈트를 하게 했다.

"가라사대 게임 시작…!"

걸린 녀석들은 칠판 앞으로 나와 벌칙을 이행하게 했지만 입을 다물고 있었다. 규칙을 지킬 수 없으니 앞에 서 있었다.

"다시 시작."

"퀸 세드, 스테드 업, 다운, 턴 롸잇…."

"선생님, 욱이가 선생님 뒤에서 똥침 해요."

뒤를 돌아보니 칠판 앞에 서 있는 욱이가 내 등 뒤에서 나를 향해 똥침을 하고 있었다. 이 민망한 쇼를 아이들은 즐기며 웃고 있었다. 욱이를 교실 앞문 입구 내 눈에 보이게 세웠다. 갑자기 교실 맨 뒤에 있는 두 녀석이 벌떡 일어나더니 소리를 지르며 팔을 흔들었다.

"항문을 찢어! 항문을 찢어!"

"항문을 찢어라! 항문을 찢어라!"

소리를 높여서 리듬을 맞추고 노래를 부르듯 신이 나서 팔을 흔들었다. 교실에 들어설 때 뒤에서 연주하던 잘생긴 모범아동 녀석들이다.

"스톱! 게임 끝."

게임을 멈추고 부동자세를 지시했다. 녀석들은 경고의 말을 듣지 못하고 팔을 휘저었다. 재미있어 웃으며 항문을 찢으라고 외쳐 댔다. 잘못된 표현이란 생각을 못 하고 흥분 상태는 계속되었다.

"그만해. 그만! 오늘 수업은 이것으로 마친다."

들뜬 분위기로 교사의 말이 들리지도 않았다. 혼자 말하고 교실을 나와 교과실에서 대기하고 있는 담임에게 갔다. 담임은 수도사 같은 젊은 남교사다. 신우회 회원이었고 회장인 날 도우려 애쓴 적이 있었다. 사위와 같은 나이에 차분하고 조용한 모범 교사다. 수업을 중단한 이유와 아이들의 상황을 알렸다. 담임은 노교사이자 대선배를 위해 스승의날 이벤트를 준비하여 흐뭇하게 스스로 기뻤으리라. 담임은 선배의 끔찍한 소식을 믿을 수가 없었다. 자신의 교육관과 지금까지 살아온 태도에 충격을 받았다.

"제가 맡은 아이들은 욕을 하지 않습니다. 그렇게 가르치지 않았어요."
"아이들은 교사나 부모가 가르쳐서 욕을 하나요? 욕은 길에서 배워요. 자기에게 필요한 어른의 앞과 뒤에서의 행동은 달라요."

후배 교사는 아이들보다 더 순진하였다. 모범 교사는 그런 걸 아직 이해하지 못하고 있었다. 가르친 대로 자란다면 세상에 왜 범죄가 있고 거짓이 있고 사건이 나겠는가. 그는 자기의 교육 방침에 수치를 당했다고 생각했는지 매우 민망하여 고민하는 것 같았다.

"선배님, 죄송합니다. 제 불찰이지요. 잘 가르치고 타이르겠어요."
'영어 선생님, 잘못했어요. 다시는 그런 말을 하지 않겠습니다.'
얼굴 보고 사과했으면 깔끔했을 것 같았다.

우리네 정서는 사과에 익숙하지 않다. 사회 정서가 그런 듯 사고가 있어도 담당 책임자의 사과는 없다. 핑계, 변명, 이유가 풍성한 것이 일반적이다. 미국 중학교에서 있었던 사건을 들을 적이 있다. 사건의 전말을 알 수 없지만 한 소년이 자살한 사건이 있었다. 담임, 상담 교사, 교장 다 책임을 지고 물러났다고 했다.

재미있게 영어 공부하려던 계획이 틀어진 늙은 교사는 이 일이 매우 마음에 걸렸다. 다음 날 후배가 찾아왔다. 이상한 사과를 했다.

"전 처음으로 매를 들었어요. 아이들을 때리는 것은 제게 형벌과 같습니다. 항문을 찢어라 하는 건 똥침을 설명한 것이 아닐까요?"

똥침을 설명하다니! 이 황당한 변명에 말문이 막혔다. 국어사전에 새롭게 올라가야 할 단어인 것 같다.

똥침: '항문을 찢어라'의 줄임말. 또는 항문을 찢는 행위의 표현(?)

담임은 사랑하는 제자들에게 매를 든 것이 처음이라 매우 괴로워했다.

교대 재학 시 어느 교수님이 추천한 책이 있었다. 책 제목도 작가도 기억나지 않지만 일본 작가가 쓴 '아이들은 천사가 아니다'라는 내용의 책을 읽은 적이 있었다. 이 책은 일본 아이들의 부정적인 면을 쓴 것이었다. 교수님은 그 책을 소개하며 아이들에게 환상을 갖지 말라고 하셨다.

될성부른 나무는 떡잎부터 알아본다는 속담처럼 떡잎이 나오는 때는 가정이다. 교육은 가정에서 시작된다.

2007년 5월 15일 마지막 스승의날은 똥침으로 끝을 맺었다. 손자 같은 소년들이 만들어 준 막교사 김 선생의 또 하나의 추억이 되었다.

내 인생의 기쁨과 행복의 근원지, 나의 달콤했던 교실이여 안녕!

에필로그

책을 내면서

인생은 일방통행이다. 유턴을 할 수 없다. 태어나자 부모를 만나는 일로 시작하여 수없이 많은 이들을 만나며 살아간다. 학교 사회에 발을 들여놓으며 해마다 아이들을 만나게 되었다. 41년 동안 아이들과의 만남은 내겐 경이로운 일이었다.

한 가지 기술을 40년 동안 익히면 장인이거나 권위자가 되기도 한다. 그러나 가르치는 일은 절대 그럴 수 없다. 초등학교는 더욱 그렇다. 전공 없이 아홉 과목을 가르치고 생활 지도까지 책임진다. 새 학년은 언제나 신선하다. 해마다 다양한 아이들과의 생활은 행복한 추억을 만들어 주었다.

학교생활을 시작한 것은 6.25 전쟁이 끝난 후 학교가 정상화되기 시작했던 때이다. 입학식에 엄마가 만들어 준 연두색 저고리를 입고 운동장에 모여 줄을 섰다. 내 저고리가 예쁘다고 생각했었다. 교실엔 책걸상이 없었다. 후에 책상이 들어왔지만 재적수보다 책걸상이 적었다. 세 사람이 번갈아 가며 앉았던 기억이 난다.

2학년이던 어린이날이었다. 한복을 입은 고운 담임 선생님은 우리 반만 끌고 효창공원으로 향하셨다. 우리를 나무 그늘 밑 풀밭에 앉혀

놓으시고 해태 밀크카라멜 한 갑씩 주셨다. 선생님이 주신 처음이자 마지막 선물을 잊을 수가 없다.

이름도 얼굴도 기억나지 않는 선생님의 캐러멜 선물의 갈색 포장과 달콤한 맛은 아직도 기억에 남아 있다.

해방둥이로 태어나 살아온 세월은 벌써 노년의 내리막길로 달려가고 있다.

그간 우리나라의 삶의 변화는 지금 생각하면 원시생활 같은 가난과 무지의 세상에서 너무도 빠르게 인터넷 세상, AI 세상으로 급변하였다.

88올림픽, 2002년 월드컵 개최국으로 나라의 기상이 오르며 지금은 문화의 중심이 되어 가는 나라가 되었다.

K-팝, K-푸드, K-컬쳐로 한국어 강좌가 늘어나는 글로벌 시대는 한국의 강세가 나날이 달라지고 있다.

내가 태어나 자라고 공부하고 아이들을 가르쳤던 세상은 180도 변했다.

이태리 베수비오 화산 폭발로 묻혀 버린 폼페이 도시처럼 사라져 잊히고 있다는 생각이 든다. 아직 살아 있는 동안 교직 41년을 추억해 보고 싶었다. 내 삶의 원동력이었던 교실 생활, 그 시간이 아름답고 소중했었다.

학교 다닌 시간은 나의 초등학교 시절부터 정년퇴직까지 반백 년이다.

20대 초반의 젊은 시절부터 시작한 교직은 중년을 거쳐 노년의 문턱에서 끝을 맺었다. 가장 중요한 삶 가운데 함께한 아이들과의 교실

생활은 너무도 소중하다. 내 삶의 전부라고 해도 과언이 아니다.

천방지축 좌충우돌로 시작한 젊은 날의 교직 생활에서 정년 60이 넘어도 어리바리했던 나는 막교사이다. 주변의 고상하고 능력 있는 교사들은 늘 나의 부러움의 대상이었다. 부끄러움 투성이의 나의 교직 생활이지만 사고 없이 마친 것이 고맙고 자랑스럽다.

애독자로 지지해 준 사촌 오빠 김소무 작가, 사촌 동생 피아니스트 최정선, 친구 김상인 사장(여행사)에게 감사드립니다.

팔순 잔치 축하객 동기 노교사들

블로그 이야기

2006년 95세의 친정어머니 장례식에 미국 이민자 오빠와 남동생이 참석하였다. 남동생 김준호(공학 박사, 시인)가 블로그를 통해 시를 쓰고 한국 시인들과 교류한다는 걸 알게 되었다.

그 후 퇴직을 준비하며 2007년 네이버 블로그를 시작했다. 블로그는 퇴직 후 나의 취미 생활로 전환되었다. 가성비 최고의 공간 인터넷 세상의 새 삶으로 나의 노년은 재미로 가득했다. 인터넷 이웃이 생겼다. 함량 미달인 나의 글은 이웃들의 격려를 받았다. 이웃들을 통해 새로운 정보와 지식과 소중한 삶을 들여다보며 많은 걸 깨닫고 배웠다.

젊은 딸 같은 작가들도 알게 되었다. 김경민《조선의 뒷담화》, 임수진《안녕, 나의 한옥집》, 앤줌마《빨강 머리 앤줌마의 봄》, 임은자《인생을 쓰는 시간》, 이준희《작은농장 꽃이야기》, 이인희《나에게 선물을 준다》 등등이다. 이들은 나의 스승이요, 친구요, 사랑스러운 인생 후배들이다. 결국 책을 출간하는 용기를 갖게 했다.